SHAKESPEARIANAS

SHAKESP

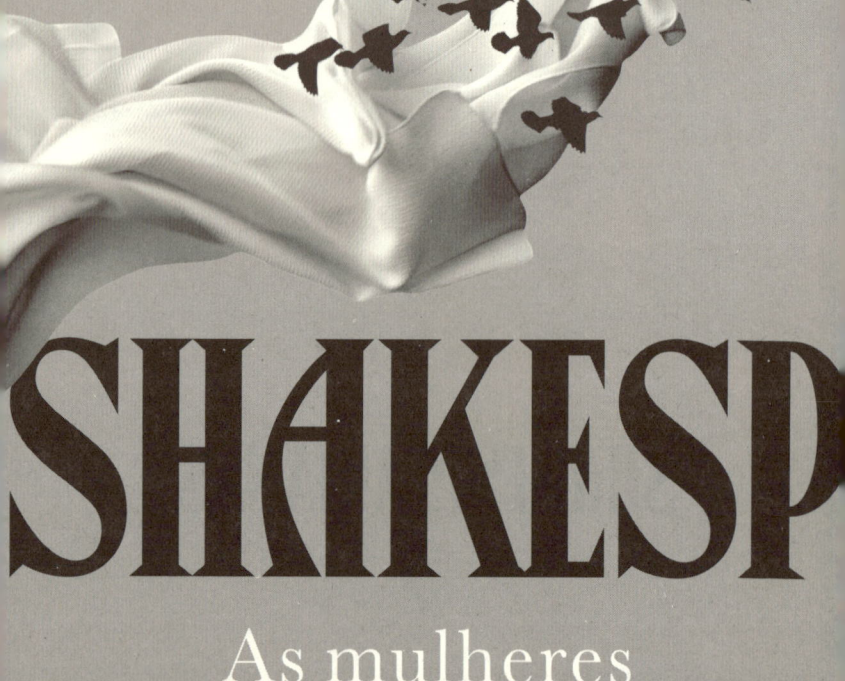

As mulheres *em* Shakespeare

/re.li.cá.rio/

Nara Vidal

EARIANAS

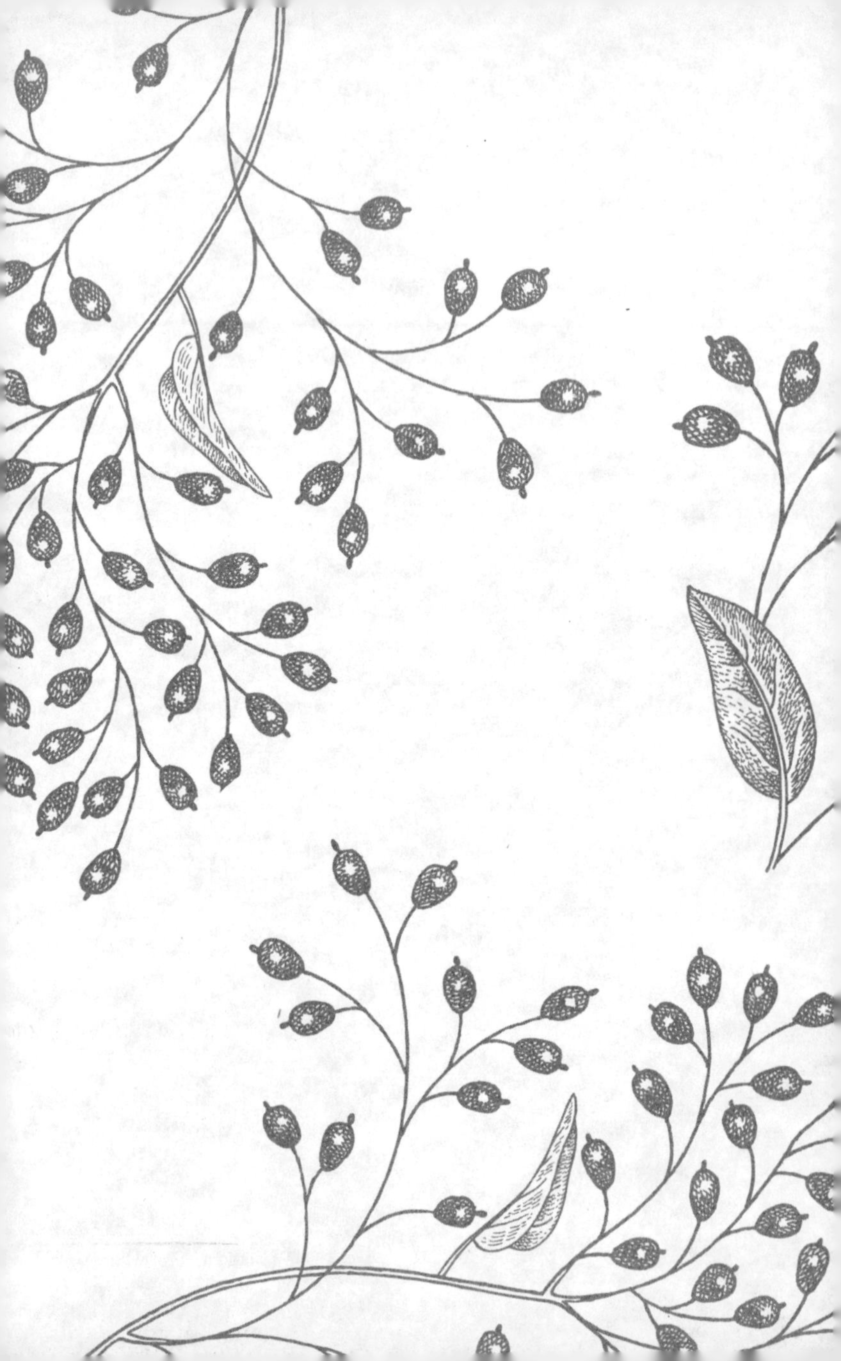

À Amelie e ao Louis, que me permitem distrações e ausências para dentro das palavras.

"As peças de Shakespeare pareciam sustentar-se ali, completas, por si mesmas. Mas quando a teia é puxada para o lado, recurvada na borda, rasgada ao meio, lembramos que essas teias não foram tecidas em pleno ar por criaturas incorpóreas, mas são obra de seres humanos sofredores e estão ligadas a coisas flagrantemente materiais, como a saúde e o dinheiro e as casas em que moramos. [...] Cleópatra deve ter tido lá um jeito todo seu; Lady Macbeth, poderíamos supor, tinha vontade própria; e Rosalinda, pode-se concluir, era uma jovem atraente. [...] De fato, se a mulher só existisse na ficção escrita pelos homens, poderíamos imaginá-la como uma pessoa da maior importância: muito versátil; heroica e mesquinha; admirável e sórdida; infinitamente bela e medonha ao extremo; tão grande quanto o homem e até maior, para alguns. Mas isso é a mulher na ficção. Na realidade, como assinala o Professor Trevelyan, ela era trancafiada, surrada e atirada ao quarto."
— **Virginia Woolf** (*Um teto todo seu*, 1929)

"Minha maior recompensa seria que minhas irmãs mulheres me dessem, em retorno, a alegria de pensar que eu as ajudei, ainda que infimamente, a apreciar mais profundamente e a amar com tanto amor quanto eu essas doces e nobres representações do nosso gênero, e que as leve a reconhecer, como eu, a dívida infinita que temos para com o poeta que pôde nos representar, como nenhum outro de fato conseguiu, sob as mais diversas maneiras, todas as quais nos põem sob uma luz do mais brilhante charme e da mais benévola influência."
— **Helena Faucit**, Lady Martin (*On Some of Shakespeare's Female Characters*, 1893)

"A cena é perturbadora não apenas porque uma mulher é assassinada pelo marido, mas também pelo fato da questão da raça ser, em si, hiperobjetificada num flagrante caso de construção racista – a cor da pele sendo colocada como o fator crucial no feminicídio."
— **Farah Karim-Cooper**, sobre "Otelo" (*The Great White Bard*, 2022)

SUMÁRIO

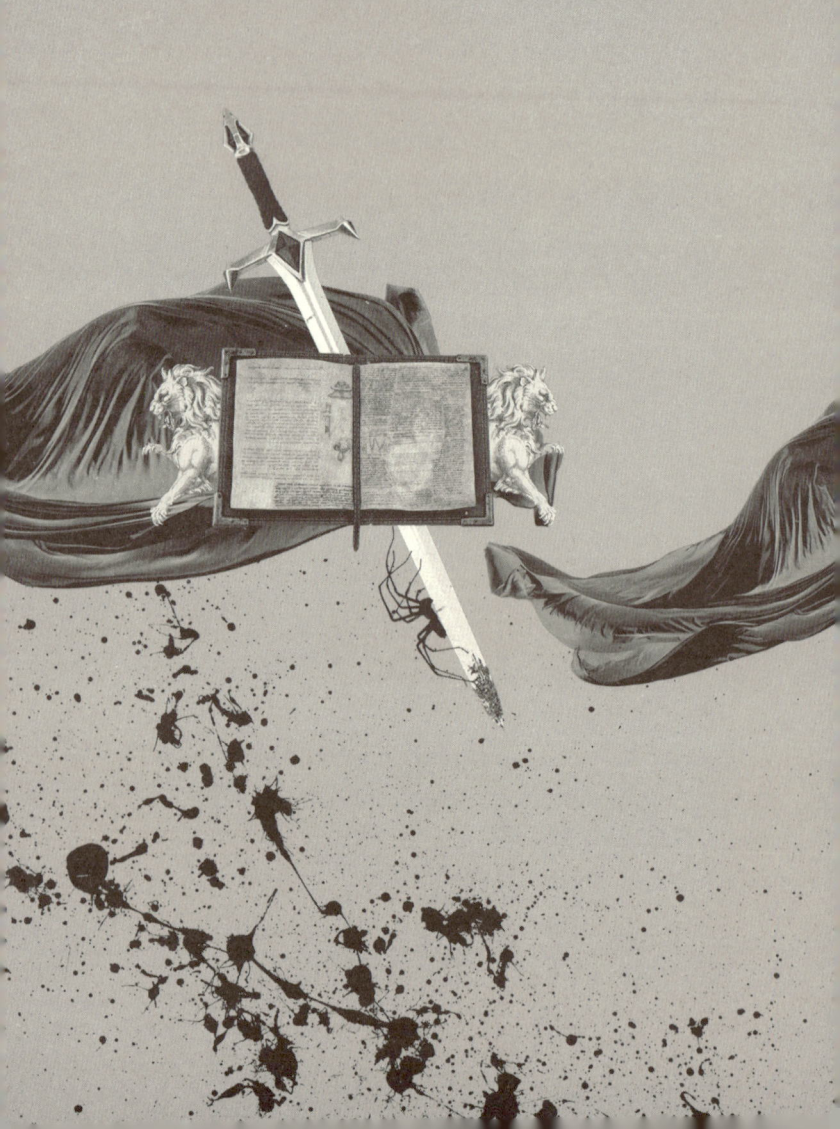

{ ATO I }
HUMANA NATUREZA SELVAGEM
Apresentação 13

{ ATO II }
FOGO
Julieta 31
Cleópatra 49
Catarina 65

{ ATO III }
ÁGUA
Lavínia e Tamora 79
Ofélia 89
Desdêmona 105

{ ATO IV }
TERRA
Sycorax e as Bruxas 121
Cordélia, Goneril e Regan 137

{ ATO V }
AR
Portia 151
Lady Macbeth 165
Viola 181

Agradecimentos 197

{ ATO I }

HUMANA NATUREZA SELVAGEM

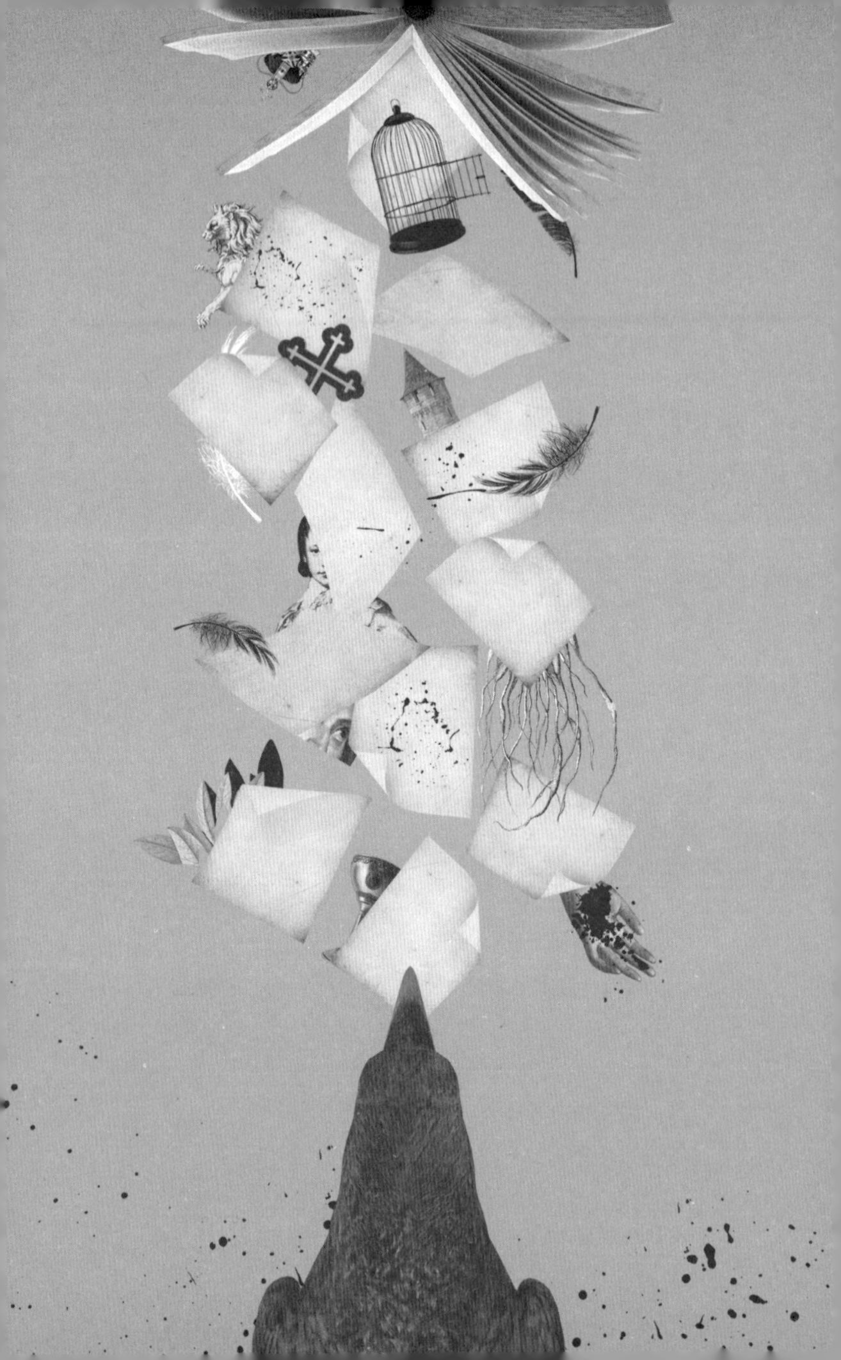

APRESENTAÇÃO

Quais as personagens em Shakespeare mais motivam, comovem, instigam? Abro este livro partindo dessa indagação. A mulher na obra de Shakespeare é complexa, movimenta-se nas narrativas. Personagens femininas foram criadas pelo Bardo entre os séculos XVI e XVII, quando às mulheres não era permitido o trabalho de atriz.

Macbeth é um vilão. Lady Macbeth, também vilã? A transformação sofrida por Macbeth é fundamentalmente moral. Já Lady Macbeth vivencia nuances morais, psicológicas, de gênero, com um rico campo interpretativo e, por isso, é ao mesmo tempo raso e redutor categorizá-la como vilã.

Para encenarem "Noite de reis", há uma teia bastante interessante. Quando Viola, que é irmã gêmea de Sebastian, acredita que o irmão naufragou, ela chega em Ilíria e se veste de homem. Esse "homem", Cesário, apaixona-se por Orsino, que é apaixonado por Olivia e esta, por sua vez, se interessa perdidamente por Cesário que, de fato, é Viola. Certamente essa dinâmica trouxe desafios: homens que deveriam fazer papéis de mulheres, que fariam papéis de homens e que seriam finalmente desmascarados como mulheres, mas o tempo todo como homens.

E o que dizer de personagens como Julieta Capuleto, com sua sagacidade? A integridade e a inteligência de Cordélia? A ambição e a estratégia de Goneril e Regan? A assertividade, o inconformismo e a astúcia de Catarina? O erotismo e a liberdade de Cleópatra?

Personagens com diversas camadas são a proposta de Shakespeare para seu elenco feminino. Quase não há equivalência intelectual entre elas e seus pares masculinos. Se esses homens honraram a complexidade de performar cada uma ou se preferiram aderir ao estereótipo caricaturado, não sabemos.

Para Virginia Woolf e Harold Bloom, leitores apaixonados pelo Bardo, a questão feminina em Shakespeare precisa ser compreendida. Woolf e Bloom apontavam para um valor literário tão imenso que, a partir dele, poderíamos nos deter em questões do nosso maior interesse e da nossa mais profunda identificação. E, ao seguir essa linha de pensamento, afirmo: este não é um livro exatamente feminista. A dificuldade em categorizá-lo como tal é pela limitação que uma nomeação acarreta. Mas, basta uma leitura atenta para identificar a superioridade das personagens femininas nas obras shakespearianas – o que não significa que tenham sido descritas e representadas como mulheres de valores inabaláveis e bondade inquestionável.

A escolha do gênero feminino para apresentar essas reflexões tomou-me tempo e consideração. Não é difícil se deixar seduzir por interpretações com base psicológica em Shakespeare, histórias de mitos clássicos e de relações com a contemporaneidade. A base da trama é, na maioria das vezes, comum. Mas, a partir de um desenvolvimento complexo dos envolvidos nessa trama simples, é Shakespeare quem transforma uma briga de família por herança em um "Rei Lear"; uma desobediência e rebeldia de adolescência em "Romeu e Julieta". Partir do princípio de que esses escritos são de cunho feminista reduz o interesse de um potencial leitor e mesmo as possibilidades interpretativas da obra, levando em conta o equívoco de muitos em considerar o feminismo como um problema feminino.

Este é, portanto, um livro livre de rótulos sobre algumas das personagens mais fascinantes da literatura à qual já tive acesso. Falar de Sycorax, das três bruxas, de Lady Macbeth, Cordélia, Regan, Goneril, Ofélia, Julieta, Viola, Catarina, Portia, Desdêmona, Lavínia, Tamora e Cleópatra não se limita a falar de mulheres. Minha proposta quase íntima percorre questões referentes a gênero, sociedade e política, e convoca leitoras e leitores a desbravar os universos dessas mulheres – todas profundas, todas ricas em interpretações, todas shakespearianas.

Nosso ponto de partida aqui é a personagem da peça shakespeariana em si. Minha análise sobre cada uma delas vai ao encontro da ideia de que se a escrita é livre, a leitura também deve ser. Desejo que esse recorte gere uma aproximação entre as personagens criadas por Shakespeare e os leitores que já estão familiarizados com suas obras, e, acima de tudo, com aqueles que têm algum receio de se aventurar em seu universo literário.

A obra de Shakespeare se mantém à prova do tempo, e não da razão, como Harold Bloom ressaltou em *O cânone ocidental*. Polêmico e rigoroso, um dos estudiosos mais devotos de Shakespeare, Bloom considera que, em relação ao conceito de literatura, a disseminação de livros de pouca ou nenhuma qualidade com base unicamente nas concessões políticas (gênero, etnia, religião, raça) ignora o que, para ele, compõe a obra literária – o elemento estético. De fato, suas referências são os clássicos, não coincidentemente escritores homens que marcaram, na nossa sociedade eurocentrada, o chamado cânone: Cervantes, Dante, Homero, Petrarca, Chaucer e, claro, Shakespeare. De acordo com Bloom, embora Emily Dickinson e Virginia Woolf mereçam ser lidas, não sejamos ingênuos: há um déficit escandaloso em sua seleção. Sobre isso, a própria Virginia elaborará melhor para que Bloom leia mais tarde.

Para além de Bloom, destaco Mary Cowden Clarke, que escreveu, em 1890, o livro *The Girlhood of Shakespeare's Heroines* (em tradução livre: "A mocidade das heroínas de Shakespeare"), além de outro inédito no Brasil, *The Complete Concordance to Shakespeare*. Como se não bastasse ressaltarem personagens femininas contextualizadas no século XIX, esses títulos foram escritos por uma mulher, o que era raríssimo.

Mary Cowden Clarke, que circulou no meio literário do reconhecido Romantismo inglês, conhece outra Mary, irmã de Charles Lamb. Dona de uma biografia escandalosa, tendo sido responsável pelo assassinato da própria mãe com uma faca de cozinha enquanto preparava o jantar, Mary Lamb perdeu a cabeça e a paciência por ter de cuidar de três pessoas fragilizadas, estando ela mesma em grave estado de vulnerabilidade, como foi verificado após o crime. Mary passou por diversas internações em instituições para "lunáticos" e era muito próxima do irmão, Charles. Juntos escreveram *Contos de Shakespeare*, uma coleção de adaptações do Bardo para o público infantojuvenil. Apesar da proximidade que tinham, quando lançado, o livro dos irmãos Lamb exibe apenas a autoria de Charles na capa.

Nessa lógica de exclusão artística, característica dos teatros elizabetano e jacobino, é impossível não me referir a Judith Shakespeare, irmã ficcional de William, criada por Virginia Woolf em *Um teto todo seu*, e também a Clarice Lispector, autora de "A irmã de

Shakespeare", texto publicado sob o pseudônimo de Teresa Quadros. Dotado de sarcasmo e melancolia, o texto de Clarice apresenta a dificuldade e a eventual impossibilidade de equivalência de gêneros na literatura, nos palcos, nas artes, nas escolas.

Shakespearianas também me faz pensar em Anne. Aos 26 anos, uma mulher engravidou de um rapaz de 18, nas profundezas do Centro-Oeste da Inglaterra, região hoje conhecida como Stratford-upon-Avon, no condado de Warwickshire. Casaram-se e tiveram uma filha, Susanna. Dois anos depois, um casal de gêmeos, Hamnet e Judith. Em pouco tempo, o rapaz e pai das crianças, sentindo-se oprimido pela vida doméstica, abandona a função de fabricante de luvas, profissão que herdaria de John, seu pai, e vai tentar a vida em Londres, onde escreve peças de teatro. Essa é uma das versões simplórias sobre Anne Hathaway e William Shakespeare. As especulações biográficas desses sujeitos são, como aquelas referentes a Shakespeare, infinitas e pouquíssimo confiáveis. Anne poderia ter sido Agnes, seu sobrenome poderia ter sido Whateley, ou Anne Whateley talvez tivesse sido sua rival, já que ambos os nomes estão ligados a Shakespeare. Esses eram tempos de documentações e registros pouco insuspeitos, considerando o caso de quem, como Shakespeare, viveu em Londres, cidade parcialmente destruída pelo grande incêndio de 1660. Por isso, inclusive, me interessa a existência de Anne, mãe de Susanna, Judith e Hamnet, o filho que morreu aos 11 anos. A vida dessa mulher quase desaparecida, apagada, não apenas pela insuficiência documental, foi salva do completo anonimato por sua ligação com o marido famoso. Uma mulher que se fosse, quem sabe, posta como personagem numa peça shakespeariana, nos levaria à história de uma pessoa desobediente que engravidou antes do casamento, criou os três filhos na ausência do marido e vivenciou o luto de seu único menino. Outra Anne foi a irmã de Shakespeare, uma menina que morreu aos 8 anos, quando este tinha 15.

Hoje em dia é improvável saber se algum inglês guarda laços familiares com William Shakespeare. As mulheres que se casaram adotaram os sobrenomes dos maridos. Ao encontrarmos alguém de sobrenome Hall ou Hart no condado de Warwickshire, talvez estejamos o mais próximo de algum descendente do dramaturgo.

As especulações em torno da identidade e da autoria das peças de Shakespeare são infindáveis. Custa muito me deixar seduzir por essas teorias. O que move e comove nos textos assinados por quem, hoje, reconhecemos como William Shakespeare não são seus registros queimados, destruídos e ilegíveis. Poderiam até mesmo ser textos anônimos, mas são atribuídos a ele. Muito mais do que falar do autor, essa obra fala de nós.

Voltando a Harold Bloom, que destrinchou toda sua obra com compromisso e paixão, *Shakespeare: A invenção do humano* é seu mais importante trabalho. A minha cópia foi comprada em 2000, quando eu assisti a uma palestra de Bloom sobre Shakespeare na Universidade da California. Naquela época, eu começava a desbravar o universo do dramaturgo e a impossibilidade de conclusões em Shakespeare, a não ser a de que talvez Bloom estivesse certo na sua adoração. Antes de falecer, em 2019, Bloom foi frequentemente questionado sobre a questão feminista – ou a falta dela – na obra do Bardo. Era comum notar sua impaciência ao explicar o que ele dizia ser bastante claro.

De fato, feminismo não foi um termo e muito menos uma questão presente no século XVI. Muito pelo contrário: a situação das mulheres era terrível exatamente porque não havia o nível de consciência e avanço em torno dos direitos que temos hoje. Na Inglaterra, costuma-se marcar a origem dessas ideias a partir da obra de Mary Wollstonecraft, autora de *Pensamentos sobre a educação das filhas*, de 1787, e *Uma reivindicação dos direitos da mulher*, de 1792. Mãe de Mary Shelley, autora de *Frankenstein*, Mary Wollstonecraft escandalizou os britânicos com suas ideias. Seu marido, tão liberal quanto ela, se recusou a concordar com alterações de editores sobre as propostas sociais e filosóficas de sua companheira em publicação póstuma.

Tão viscerais que são, costumo imaginar as personagens shakespearianas como elementos da natureza, com toda a ambivalência que carregam. Numa alternância entre força e vulnerabilidade, penso o espaço natural como imagem para os corpos das mulheres — explorados, amados, violentados, habitados. Com essa ideia em mente, proponho um conjunto de personagens associadas a cada um dos quatro elementos como forma de destacar traços de sua personalidade.

Guarani, 1979. No aniversário de 5 anos, meus pais, professores e acostumados aos crediários que financiavam nosso bem-estar, compraram uma boneca gigante da Estrela, chamada Chorinho. Era a melhor boneca que se poderia ter naquele momento, não fosse um detalhe: na única loja de discos da cidade, eu havia me deparado com um vinil da Turma da Mônica: "Romeu e Julieta". Os nomes Montéquio e Capuleto me faziam perder o fôlego de tanto rir, e era aquele disco que eu queria de presente de aniversário. Já tinha perdido a chance seis dias antes, no Dia das Crianças, quando ganhei uma boneca Emília. Pedi por dias repetidos o disco. Ainda assim, meus pais acharam que eu merecia mais. Tanto merecia que, em prestações, levaram para casa, num embrulho de flores, a Chorinho. Quando eu abri, na manhã de horas ainda escuras, antecipada em excitação, o grande pacote em nada me lembrava um disco de vinil. Chorei pela Chorinho. Pedi desculpas por não gostar daquele presente caro e insistir querer um disco. Na hora do almoço, meu pai aparece carregando o meu sonho de ouvir na vitrola a tal história "Romeu e Julieta". Shakespeare já estava lá.

Londres, 2003. Após um namorado arrancar da parede um pôster de Shakespeare que eu havia comprado, moedas contadas, na minha primeira viagem a Stratford-upon-Avon, finalmente consegui dar um fim ao que não me servia. Os restos picados do rosto de Shakespeare no carpete do meu quarto me fizeram expulsar o namorado de casa e, em seguida, da vida. Foi uma salvação, um resgate para a margem segura onde eu conseguia olhar sem ares de névoa, respirar sem me afogar. Shakespeare estava lá.

Guarani, 1980. Aos 6 anos, eu disse à minha mãe que tinha saudade de alguma coisa que ainda não sabia o que era. Talvez eu me referisse a um país, mas eu ainda não entendia o conceito de fronteiras e territórios de forma clara. A única fronteira familiar era a mangueira que obstruía a vista da janela do meu quarto e de onde eu não via fim nenhum. Comecei a estudar inglês sozinha. Encontrei um dicionário e passava dias tentando formar frases a partir de vocábulos e significados literais. Shakespeare já estava lá.

Londres, 2020. Pandemia de Covid-19. Estou muito aflita. Trabalho, família, saúde, o simples ir e vir – tudo está comprometido. Meses de insônia. Não havia sentido ter hora para dormir, hora para acordar.

Nada justificava a rotina que havia desaparecido, deixando ansiedade, nervosismo, angústia. Na Internet, professores em desespero tentando formas de seguir. Aulas virtuais sobre tudo; literatura, inclusive. Na minha casa, a ameaça da falta de emprego. Estamos mais fracos e vulneráveis, hora de não desistir. Aulas remotas, também passo a oferecê-las. Vou falar sobre aquilo que me tira da realidade e que me faz feliz. Em uma semana, meu primeiro curso estava pronto: a vilania das personagens femininas de "Macbeth". Fiquei imersa em completo prazer e pesquisa. Shakespeare, sempre ele, estava lá.

E, agora, este livro. Sem medos e sem amarras os convoco a partilharem comigo do entusiasmo ao se descobrirem nessas histórias. É bem provável, leitoras e leitores, que se vejam em alguma peça e que possam constatar o quão incrivelmente fascinantes são as shakespearianas.

{ ATO II }

FOGO

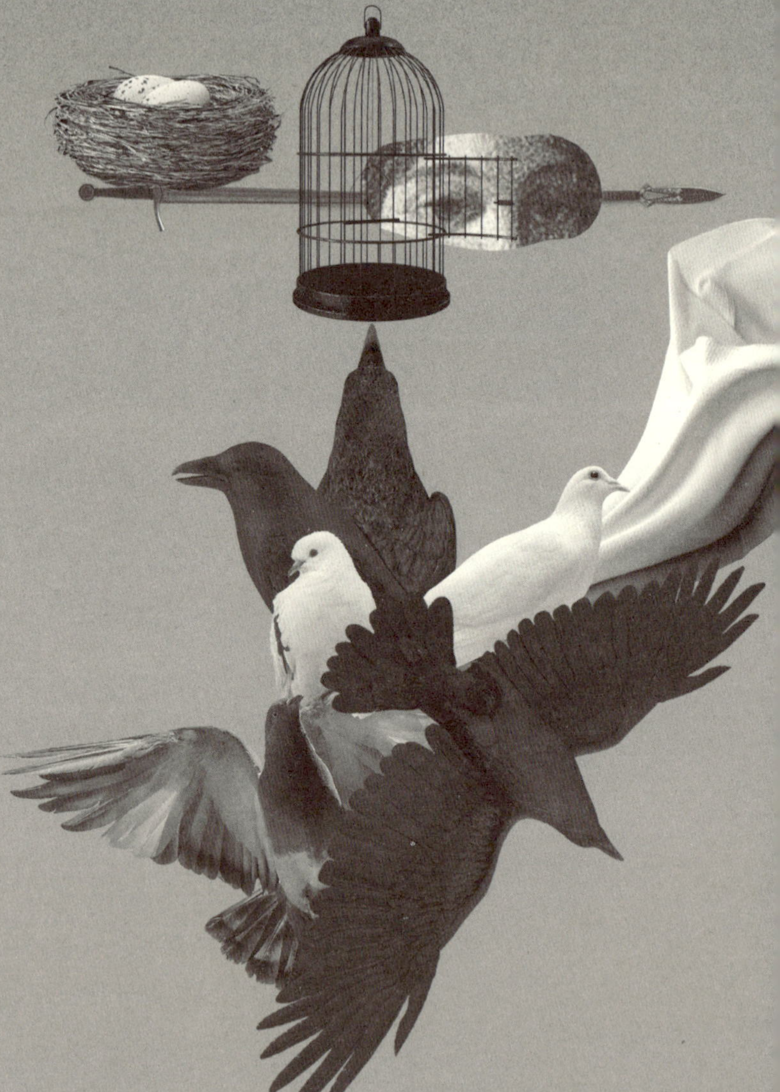

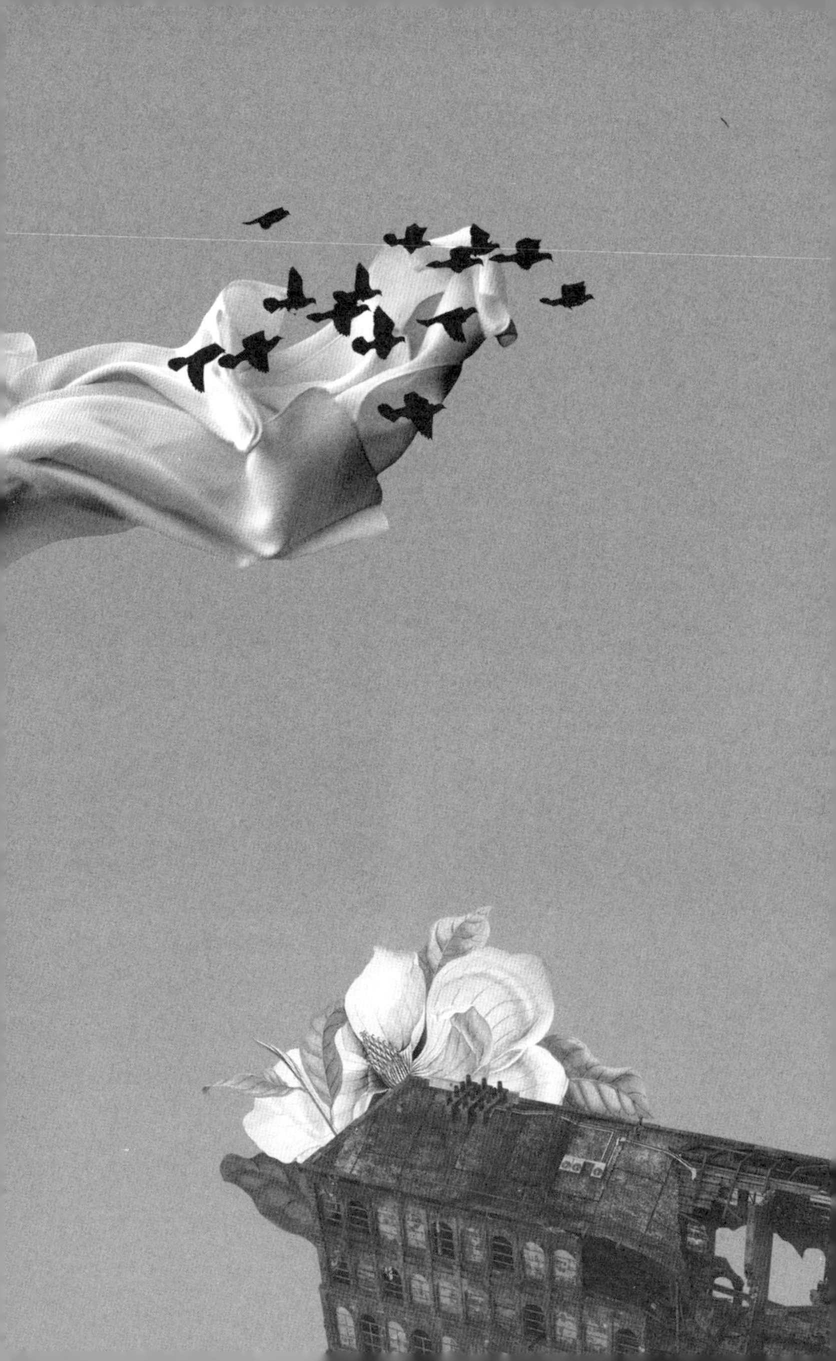

J

JULIETA

ROMEU E JULIETA,
1595

E speculo, com relativa segurança, que "Romeu e Julieta" seja uma história mundialmente conhecida. Porém, mais do que as duas personagens de Shakespeare, o significado de "Romeu e Julieta" como representação do amor romântico talvez seja o elemento mais assinalado. A história dos dois amantes, jovens marcados pelo destino e separados pela rivalidade das famílias, é a trama identificada no mito romano de Píramo e Tisbe, de Ovídio. A história de opressão, rebeldia, amor e morte foi repetida por Luigi Da Porto em 1530, seguido de seu compatriota italiano Matteo Bandello, que reescreveu o conto em

1550. Num salto para a Inglaterra, em 1562, Arthur Brooke publicou um *bestseller* intitulado *The Tragicall Historye of Romeus and Juliet* ("A trágica história de Romeu e Julieta"). Em 1567, William Painter recontou a mesma narrativa no livro *O palácio dos prazeres*.

Chegamos enfim em 1597, quando a história dos dois amantes de Verona passa a ser escrita e encenada por William Shakespeare. Mas se, ao chegarmos à dinâmica história narrada pelo dramaturgo inglês, quisermos ainda voltar para analisarmos a *Divina Comédia*, de Dante, no século XIV, encontramos Paolo Malatesta e Francesca da Polenta, dois amantes condenados a habitar o Círculo dos Ventos, no Inferno, por se desvencilharem da convenção do casamento, desobedecerem a decência e se entregarem aos prazeres carnais. Dante, aliás, é quem apresenta o par de sobrenomes Montéquio e Capuleto, cerca de 250 anos antes até mesmo do nascimento de Shakespeare. No Purgatório, ele cita Montéquios e Capuletos, Monaldis e Fillipeschis. O argumento da cópia é previsível, mas frágil. Uma trama que tem origem tão antiga e que é passada através dos séculos é uma trama que, na sua reescrita e na repetição da sua narrativa, existe por si só.

"Romeu e Julieta" é, portanto, uma história de Ovídio, de Da Porto, de Bandello, de Brooke, de Painter, de Shakespeare, minha e sua. É crucial assinalar que Shakespeare foi um jovem que, de acordo com os registros na cidade natal de Stratford-upon-Avon, frequentou a escola da cidade, que valorizava o ensino do grego e do latim. Isso tem como consequência previsível o acesso desse mesmo jovem a livros, leitura e literatura.

Apesar do título da peça reunir os dois protagonistas, a personagem nitidamente mais forte e interessante na história dos dois adolescentes oprimidos de Verona é Julieta, que representa menos a heroína romantizada tornada produto de consumo e idealizada ao longo dos séculos, e mais uma imagem de rebeldia, desobediência e ação.

Gosto de pensar que a grande tragédia de Julieta é o conflito entre a sua consciência, o seu pensamento e a previsão do seu destino de forma inabalável, irrenunciável e transcendental. Quando o coro anuncia ainda no prólogo que aquele par de amantes já está amaldiçoado pelo destino, marcado para a morte pelo oráculo antes mesmo do desenrolar da sua história, a plateia começa pelo fim. Longe da cristalização da narrativa, o principal elemento na peça que se renova através do tempo é o arco trágico de Romeu e de Julieta. O que Shakespeare propõe, como elemento literário, estético e estrutural, é inserir entre a profecia e a fatalidade, o drama. Ora, se a plateia e os leitores já sabem o fim do casal de namorados apaixonados, qual é a motivação temática para que continuem a assistir à peça ou a ler a narrativa? Na medida em que o drama das personagens cresce, vemos cada vez mais semelhanças conosco, humanos, que guardamos a penumbra, as nuances. Os questionamentos passam a interessar, tanto na literatura quanto no teatro, de forma muito mais profunda e complexa. Ainda que a tragédia anunciada possa ser rara, o drama é de todos. O decorrer da peça passa a ser um espelho das bifurcações e duelos morais, sociais e culturais.

Sem desvalorizar o oráculo, ele traça os passos das escolhas das personagens até que seus próprios caminhos desemboquem na fatalidade já prevista e que estava, no caso de Romeu e Julieta, escrita nas estrelas.

Julieta é moça pensante, determinada e sagaz, que manipula, inclusive, a tradição hipócrita da família para colocar em prática seu plano.

Recém-tornada adolescente, Julieta tem 13 anos e ilustra a transição de menina para mulher. No início do texto, encontramos uma criança que é protegida e ingênua, em alegrias e reflexões. No ato 1, cena 3, por exemplo, quando a mãe de Julieta pede que ela considere Páris para casamento, Julieta responde que tentará amá-lo. Como a menina que ainda é, ela não chegou a cogitar o casamento como uma maneira de se manter viva no futuro; casamento que, como ideia e prática, se tornará incontornável para ela, por convenção sociocultural e imposição. No início da peça, Julieta executa, portanto, as ordens da família sem grandes reflexões e em concordância com a idade e seu ponto de vista até o momento.

Ao perguntar qual a disposição da filha para se casar, Julieta responde à mãe: *É uma honra com a qual eu jamais sonhei*. Em seguida, o tom cômico e zombeteiro é dado pela ama, que retruca de forma a concordar com a senhora Capuleto que, sim, Julieta precisa considerar o casamento: *Honra? Se não tivesses tido apenas uma ama, afirmaria que, com o leite, tinhas mamado juízo*. A conversa entre as três mulheres prossegue em torno do valor de Julieta por sua castidade inquestionável. Afinal, de acordo com sua mãe, não há na primavera de Verona tão fina flor.

Ao ser indagada sobre sua capacidade de amar por encomenda Páris, Julieta responde que irá considerar e ver se seus olhos o prendem. Porém, ela não pode garantir que sua vista alcance tão longe. Essa é a perspicácia de Julieta tentando escapar pelas fendas das mãos da mãe em direção ao seu próprio destino.

Intriga-me pensar sobre a rotina de Julieta. Enquanto Romeu aparece em roda de amigos, Julieta não tem companhia, a não ser da ama. Nem a própria mãe parece participar do cotidiano da moça. Não há amigos, não há moças da mesma idade. Há uma torre, de fato ou metafórica, que mantém Julieta trancada, protegida e com a castidade inabalável para que continue sendo um trunfo e moeda de troca valiosa dos pais. A passividade, a obediência e o não questionamento de Julieta se transformam a partir do momento em que ela encontra Romeu. Como no oráculo que traz o arcano maior e ameaçador da torre, o mundo de Julieta e Romeu não apenas se modifica drasticamente, mas desmorona. A torre onde está aprisionada começa a ruir e, estando dentro dela, Julieta também cai. A torre que oferece aprisionamento e proteção, restrição e conforto deixa Julieta exposta ao desconhecido, à saída do familiar, ao encontro dos desejos. A queda da torre de Julieta é uma transição; o ponto final desse desmoronamento é, para ela, desconhecido e, para a plateia, anunciado pelo coro: a morte.

Num impulso, Julieta aceita a cegueira do invisível. Não busca traçar um plano com contingências. O traço riscado é um só, e ela sai de casa como quem foge da prisão, com a mesma velocidade de uma torre em queda. A cegueira em não contar com eventualidades ou a impossibilidade de enxergar o chão na queda compõem o desespero de Julieta. Se coragem, inteligência, determinação e desobediência são alguns dos predicados dessa personagem, o desespero pontua todo o seu arco. Ao ler "Romeu e Julieta", a protagonista me remete à pressa e a risco. Como se ela segurasse nas mãos um bicho precioso, mas que está morrendo, e desacreditando da realidade e previsibilidade das convenções, ela desenhasse outra rota a ser seguida. A cartografia se emaranha, e o que ela traça é um labirinto sem saída. Mas quanta coragem! Além de coragem, inteligência: ao rejeitar o abrigo, que são a casa e a família, ela demonstra entender os riscos de tal opressão, como se, concordando em ficar e casar-se com Páris, como planejado pelos pais, Julieta visse que a guarita e a segurança do ninho não seriam capazes de entregar qualquer compensação quando contrapostas à liberdade, esse bem que, uma vez provado, se torna inegociável.

Quando o encontro entre Romeu e Julieta acontece, testemunhamos o momento catalisador da peça – a trama passa a se mostrar com personagens que, antes planos, se tornam complexos. A partir desse encontro com Romeu, o mundo de Julieta pega fogo. É o que catapulta a menina para a fase adulta. Um amor. Ou seria, com um olhar mais abrangente, a possibilidade de fuga? Talvez o amor seja um esconderijo ou um pretexto para o desejo de liberdade.

Por outro lado, ao sair da família convencional e opressora e se lançar num casamento, Julieta troca a espada pela lança. Há, ainda, uma questão mais complexa – a rejeição das normas e dos critérios que equivalem ao seu aprisionamento. Uma vez adquirida a consciência dessa restrição, Julieta deposita em Romeu o significado de libertação. Há o risco de interpretações que colocam Romeu como o homem que salva a mulher da casa opressora. Mas é Julieta quem usa Romeu para transitar de um lugar a outro. É Julieta quem pede Romeu em casamento. É ela quem tem as rédeas do plano e se movimenta. Romeu é um rapaz muito mais apaziguado às convenções – falta-lhe coragem e sobra melancolia. Conformismo talvez seja mais apropriado. Ainda que Romeu abrace e busque a ideia de se apaixonar, ele transita no aspecto amoroso em passos habituados e treinados. Rosalina, a moça invisível por quem ele diz estar encantado, remete-me mais a uma metáfora do que a uma personagem. Rosalina é expressão do desejo frustrado de paixão e encantamento de Romeu. Até que ele conhece Julieta e seu peito em fogo, pronta para a fuga, proporcionando-lhe uma oportunidade de praticar o que ele diz e pensa tanto desejar. Assim, ele é influenciado por Julieta a executar a sua parte no esquema.

Outro ponto que começa a ser observado em Julieta é sua personalidade analítica. Apesar de acreditar estar cegamente apaixonada por Romeu, o que promoveria um comportamento tendencioso, incondicional, Julieta elabora suas falas de maneira luminosa e perspicaz, proporcionando um duelo entre a superficialidade e passividade de Romeu e sua sagacidade e vivacidade. A própria construção das falas de um e outro na memorável cena do encontro, que permaneceu no imaginário como a cena do balcão – Shakespeare, de fato, se refere a uma janela e às paredes altas de um pomar –, exemplifica essa equivalência na alternância da fala entre eles: ele diz, ela escuta e responde; ela diz, ele ouve e retribui – ao mesmo tempo que ressalta a diferença de abordagem aos assuntos. Não há autoridade no discurso de Romeu. Julieta tem não só vez, mas razão. No desenrolar da peça é muito nítido o fortalecimento de caráter de Julieta. Sua determinação culmina com o ato do suicídio, uma imagem contraditória e completa da força e fragilidade da personagem. O vigor do corpo que sustenta um ato tão extremo e duro, mas que carrega, perpassada, a fragilidade e vulnerabilidade anímica da mulher que esgotou as possibilidades na tentativa de libertação e que, ao contrário do exemplo da mãe, não se conforma em fazer concessões.

Sob essa perspectiva, assim como em Cordélia, de "Rei Lear", existe indiscutível integridade em Julieta. Outra possibilidade de associação a ambas é, em determinado aspecto, Antígona. Se pensarmos na heroína da mitologia grega como a jovem desobediente que desafiou o *status quo*, as regras sociais, culturais e políticas, é tentador associá-la às heroínas shakespearianas. Se, em Antígona, a revolta íntima da personagem se dá diante da sua ideia de justiça e luta pela dignidade na esfera familiar, contra as regras do Estado, em Julieta, a movimentação consciente das consequências é motivada pela sua ideia de libertação e emancipação. Ambas são motivações políticas, ambas em desafio direto a leis e regras cegamente obedecidas, não só pela estrutura social, mas pelos que as cercam, pela família. A luta travada, tanto por Antígona quanto por Julieta, é calculada. A nítida lucidez sobre a repercussão dos seus atos traça um arco violentamente dramático para ambas. Embora, para o leitor ou público, o desfecho seja anunciado e trágico, para Julieta, o desejo de mudança é de tal forma visceral que anula ou pormenoriza os riscos de tamanha desobediência.

O ato final é o exemplo da sua determinação ou incapacidade de negociar a convenção. Julieta se transforma numa jovem autoconfiante e que mostra imenso senso de lealdade. No aspecto do projeto literário, podemos considerar Julieta como a primeira personagem feminina criada por Shakespeare torneada por tamanha complexidade e progresso, principalmente se considerarmos que ela foi criada antes das chamadas três grandes tragédias: "Rei Lear", "Macbeth" e "Hamlet". O que passa Julieta, os desdobramentos do seu cotidiano, a modificação radical da sua rotina são elementos de riquíssima complexidade psicológica. Jornada e arco dramáticos exemplares.

Não jure pela lua, essa inconstante,
cujo contorno circular altera todos
os meses, para que não pareça ser seu
amor também assim tão mutável*.

"Romeu e Julieta",
Julieta – ato 2, cena 2

* As traduções das citações de Shakespeare desta edição são de Nelson Jahr Garcia.

A ideia da peça como romântica, no sentido amoroso, soa superficial. É também o resultado de uma tendência estética na História da Arte. No Romantismo surgem com vigor representações pictóricas de jovens casais condenados por se amarem tanto. Além do tema do amor romântico, é também durante esse período que as leituras e interpretações favorecem elementos shakespearianos diretamente associados a aspectos enaltecidos pelos românticos, como a consciência das emoções, a temática da solidão e a presença do sobrenatural e espiritual. Acima de tudo, a morte, como elemento e imagem valorizados no Romantismo, é apropriada das tragédias de Shakespeare de forma determinante, influenciando a maneira com a qual pensamos narrativas como "Romeu e Julieta".

Com base no desdobramento da peça, o ápice trágico é bastante sedutor para deixar de ser destacado, culminando com as consequências devastadoras da narrativa; isto é, a ideia de que se não se morre por amor, então não se ama verdadeiramente.

É, contudo, inquestionável o entendimento mais amplo da proposta do texto. A compreensão da peça exclusivamente como a história de amor entre dois apaixonados, que vão às últimas consequências em nome desse amor, é a ideia reduzida e limitada da tragédia. Aliás, o grande elemento trágico corre o risco de se tornar secundário. A problematização, portanto, desse amor romântico abre espaço para temas como a opressão familiar, a busca pela libertação, a desobediência e a racionalidade postas à prova diante do desespero. Ao serem excluídos ou desconhecidos, empobrecem as possibilidades interpretativas de uma das maiores tragédias da literatura ocidental.

Precisamente por isso, "Romeu e Julieta" pode ser considerada a peça mais (re)conhecida de Shakespeare. Antes de ser uma peça de amor, é uma peça sobre violência. Na produção de 2022 do The Globe Theatre, vemos Julieta conviver com uma família disfuncional e que, durante um baile de máscaras, testemunha os excessos dos adultos: a mãe – que vive sob um sistema de fidelidade – flerta com outros homens; o pai bebe demais e passa mal dentro de um balde; o primo, o inseguro Baltasar, procura por briga incessantemente, como forma de se impor; os convidados bajulam os anfitriões por desejo de prestígio e ascensão social.

Além desse contexto, vemos um Mercúcio com dificuldades para lidar com sua vulnerável saúde mental, aspecto que sempre esteve claro no texto original de Shakespeare. Mercúcio, que, junto a Julieta, são as personagens mais triunfantes da peça – além de serem das mais brilhantes em toda a obra de Shakespeare –, apresentam a ideia do humano. Sagaz, zombeteiro, aparentemente bem-humorado como são os palhaços ou os bobos, na própria obra shakespeariana, Mercúcio revela a complexidade da mente humana em fragilidade e força. Cínico, sarcástico, vulgar, sombrio, contraditório, é dele um dos solilóquios mais melancólicos e comoventes da peça. Mercúcio faz rir o grupo de amigos, ao mesmo tempo que é lúcido e antirromântico. Depois de encontrar Romeu, que, apaixonado, andava distraído, Mercúcio questiona com o amigo o valor de tal escapismo: *Cá entre nós, não é melhor isto do que gemer de amor? Agora estás mais sociável; agora estás Romeu; agora és tu aquilo que és, por natureza e por artimanha. Pois esse amor que faz babar é como um grande imbecil, um bufão, correndo para cima e para baixo, sempre de língua para fora, sempre disposto a enterrar sua vara num buraco* (ato 2, cena 4).

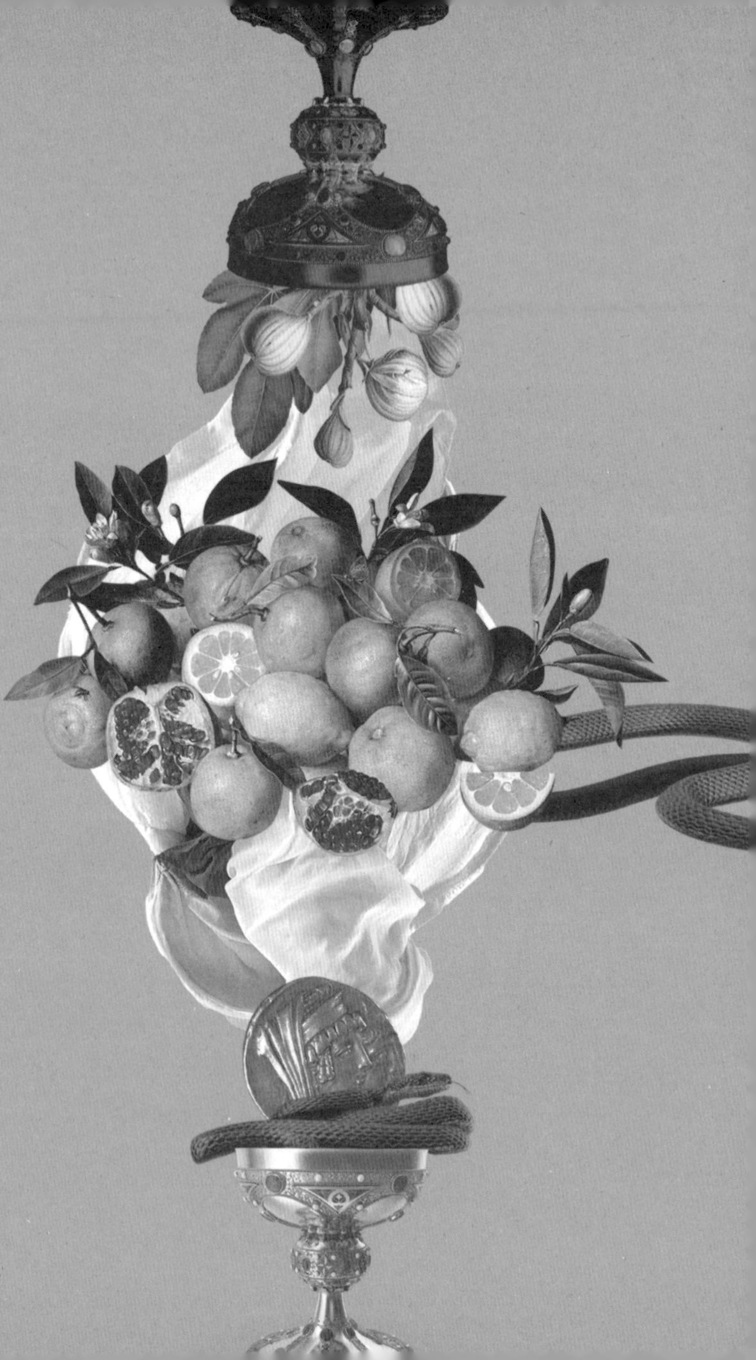

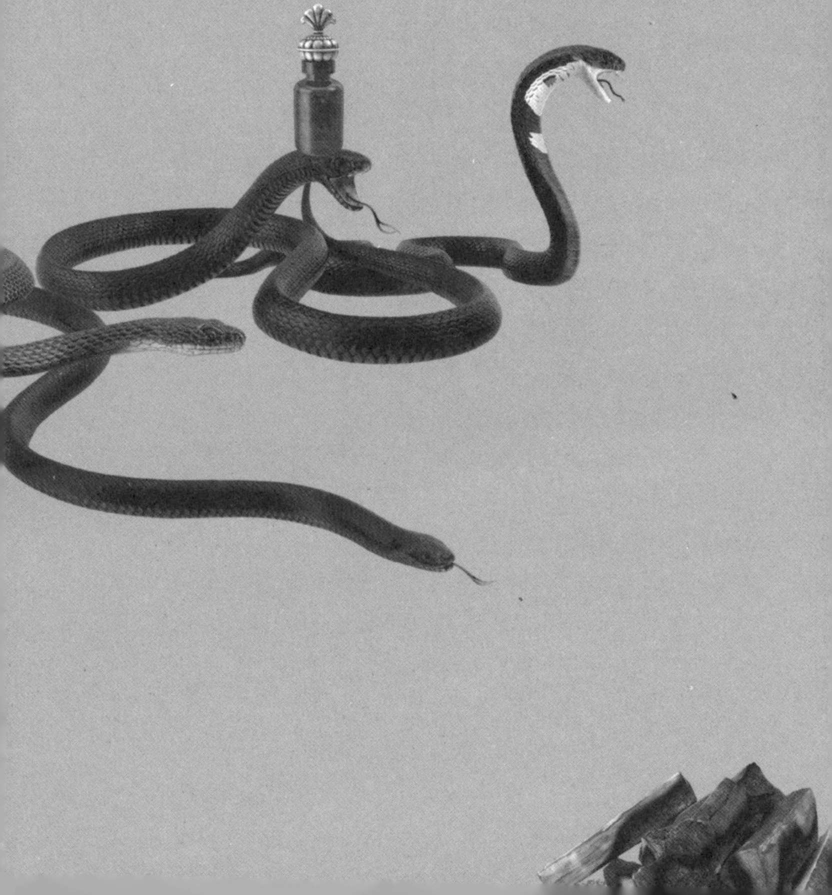

C

CLEÓPATRA

ANTÔNIO E CLEÓPATRA,
1606

Pode ser que "Antônio e Cleópatra" seja uma espécie de continuação de "Júlio César", peça de Shakespeare composta e encenada em 1599. Com a morte daquele imperador, quem reina absoluto é Otávio Augusto.

Para compreender a dinâmica política da peça, é interessante apontar a configuração do Império Romano na época em que se passa a história.

Pela vastidão e espírito de expansão do Império Romano, além da competição e ambição de vários pretendentes ao poder, as autoridades se organizaram em uma associação política entre três homens, o triunvirato. A peça se passa no segundo triunvirato, formado por Marco Antônio, Otaviano e Lépido. Apesar de trazer uma proposta diplomática, o que de fato ocorria no segundo triunvirato era uma intensa competição, especialmente entre Otaviano e Marco Antônio, já que Lépido era uma figura política menos autoritária. O triunvirato servia para organizar os territórios romanos. Pelo seu tamanho, não ter figuras políticas de peso, responsáveis por assegurar o domínio romano no mundo, significava um imenso risco. Dessa forma, Marco Antônio chega ao Egito, território no Mediterrâneo ainda independente do Império Romano, e lá se envolve com a rainha Cleópatra.

Mal chega ao local, Marco Antônio se encontra totalmente apaixonado. Acostumada com toda a atenção para si, Cleópatra aprecia o cortejo. Os dois começam o flerte e o jogo de palavras logo no ato 1, cena 1:

CLEÓPATRA – Se é amor, realmente, revelai-me quanto.
ANTÔNIO – Pobre é o amor que pode ser contado.
CLEÓPATRA – Vou pôr um marco, para o ponto extremo do amor assinalar.
ANTÔNIO – Fora preciso descobrir novos céus, uma outra terra.

Cleópatra é sedutora, uma verdadeira força da natureza. Personagem de vivacidade, sagacidade e riqueza vorazes. É perfeitamente aceitável que "Antônio e Cleópatra" seja considerada uma história de amor, antes de uma peça sobre política, poder e ambição. Afinal, tem imensa carga erótica, em que luxúria e paixão são tão importantes quanto um império. Dante já colocara Cleópatra no seu Círculo dos Ventos, no Inferno da *Divina Comédia*, lugar destinado aos hedonistas e libertinos voltados aos prazeres carnais.

> *Dai-me música, música, alimento triste*
> *de todos nós que caímos de amor.*
> "Antônio e Cleópatra", Cleópatra –
> ato 2, cena 5

A desistência de Antônio em relação à sua esposa Octávia e às batalhas e estratégias políticas para permanecer no Egito – e mais, permanecer com Cleópatra – confere uma tensão erótica à peça que é completa e unicamente acionada através da personagem-título. Cleópatra confunde Antônio pela dualidade que carrega. Sua sutileza, conforme apontada por Harold Bloom, é precisamente a dificuldade que temos, como plateia ou leitores, em julgá-la. Se Antônio tem essa dificuldade, é esperado que nós também tenhamos. Há um lado sombrio associado ao seu poder erótico. Eros, para os puritanos, era demoníaco. Assim como o escuro, o estranho e suas forças inexplicáveis.

A primeira cena da peça apresenta Filo, amigo de Antônio, perplexo com a mudança dada ao seu camarada de tamanha autoridade. Filo descreve como Antônio tem olhos desviados do dever, concentrados apenas na "cigana" – termo pejorativo aplicado à Cleópatra, usado para descrever mulheres estrangeiras. Ainda na mesma fala, Filo se refere a Cleópatra como "rameira".

Ainda no ato 1, cena 2, Enobarbo, amigo de Marco Antônio, expõe o desconforto diante da personalidade paradoxal de Cleópatra, que, mesmo sendo autoridade máxima no Egito, é feita de profundo drama.

ENOBARBO – Aos primeiros ruídos da sua partida, Cleópatra morrerá instantaneamente; já a vi morrer vinte vezes por motivos muito mais insignificantes.

Estou convencido de que na morte há qualquer substância que exerce influência amorosa sobre ela, tal a frequência com a qual ela tem morrido.

ANTÔNIO – Sua astúcia escapa à compreensão humana.

ENOBARBO – Ah, senhor, não! Suas paixões são feitas exclusivamente do mais puro amor; não podemos dar nome de suspiros e de lágrimas aos furacões que lhe saem do peito e às catadupas que lhe brotam dos olhos: são vendavais e tempestades mais terríveis do que o calendário anuncia.

Cleópatra é vendaval, domina a ação. Penso na hipótese que teria sido intitular a peça apenas como "Cleópatra". A questão é que Marco Antônio também cumpre uma função, ainda que seja a de exaltá-la. Além das tensões políticas e geográficas da peça, Antônio sucumbe ao erotismo da rainha, tornando nítido seu controle. Abundantes, suas falas são cortantes e certeiras. Demonstram sua inserção no poder, bem como sua autoconfiança, assertividade e domínio. Sua ambivalência transpira calor e frieza, alternadamente.

Cleópatra é constantemente mencionada pelas costas de Antônio, entre camaradas, como uma mulher extremamente desejável. Enobarbo chega a compará-la a uma Vênus acompanhada por cupidos. Em sua fala no ato 2, cena 2, quando se encontra com Mecenas e Agripino, Enobarbo não poupa predicados que associam Cleópatra a uma mulher de insuperável apelo sexual. Entre eles, usam expressões como "extraordinária egípcia", "real rameira", "levou Antônio para o leito. Ele a lavrou, mas dela foi a safra", "Qualquer outra mulher farta o apetite a que dá o pasto, mas ela quanto mais der alimento, mais a fome desperta. As mais abjetas coisas assentam nela".

Além dessas categorizações, descritas na tragédia como insultos, recai sobre Cleópatra a acusação de ter seduzido Marco Antônio, que se desvia das suas funções políticas. Não há referência à responsabilidade de Marco Antônio e suas ações. Mesmo Octávia, irmã de César e esposa de Antônio, em relação à responsabilidade do marido em sua esperada fidelidade, o inocenta. Octávia defende que a culpa não é de Marco Antônio, mas de Cleópatra, por seduzi-lo e por ser uma mulher com aparência exótica e comportamento selvagem.

Mulher de espetáculos, personagem que atua para qualquer que seja sua plateia, pequena ou grande, Cleópatra tem peso e exagero dramáticos, mas é estereotipada por quem chega ao Egito, de Roma. Um dos claros incômodos gerados por Cleópatra está associado ao seu comportamento em relação ao sexo e ao desejo.

Dê-me o meu manto. Coloque-me a
coroa. Tenho em mim anseios imortais.
Nunca mais o vinho egípcio há de molhar
meus lábios. Vamos, caro Iras, depressa.
Parece que ouço Antônio me chamar.
Vejo-o de pé aplaudindo meu nobre ato.
Escuto-o zombar do destino de César, que
os homens são prendas dos deuses para
depois justificar sua ira. Marido, aqui estou!
Honro meu nome e título com a coragem.
Sou fogo e sou ar. Os outros elementos eu
deixo para a vida mundana. Tenho, por
acaso, nos lábios uma serpente?
"Antônio e Cleópatra", Cleópatra –
ato 5, cena 2

Além de jogar com seu poder de sedução, Cleópatra é a rainha das artimanhas, das teias entrelaçadas com astúcia e sagacidade. Sua inteligência se associa a uma extrema capacidade de persuasão. Ela convence César a preservar sua vida, a dela, ao mesmo tempo que planeja o mais dramático dos suicídios.

Por sua intensa dramaticidade, não raro nos deparamos com interpretações problemáticas, além de superficiais, que sugerem uma espécie de histeria de Cleópatra, sua dificuldade em ser diplomática, considerando o fundo político da peça. São associados a ela controle, autoritarismo, manipulação, paixão e luxúria como traços condenáveis de personalidade. Porém, ao praticarmos o exercício de transferência dos mesmos predicados a um homem, a tolerância passa a ser muito mais generosa.

Tais interpretações parecem estar relacionadas, por contraste, a um feminino convencional: frágil, dependente, vulnerável. O que Cleópatra carrega ao longo da peça é exatamente o oposto dessas características. Ela é independente, tem tantos amantes quanto quiser, não se sente na obrigação de prestar contas de seus atos. Sua autonomia e indiscutível autoridade talvez estejam relacionadas ao fato de Cleópatra ser uma rainha; ou seja, ela carrega consigo liberdade e independência financeira, colocando-se numa posição de poder geralmente associada aos homens.

Em uma das mais célebres cenas (ato 4, cena 16), diante de morte iminente de Antônio, que pede por um copo de vinho e oportunidade de falar, Cleópatra mantém o domínio. A Antônio, ela nega o vinho e as palavras. É ela quem fala. É ela quem acredita ter o que dizer. A autoridade, o poder e a decisão são dela.

Durante a peça, nos é apresentada uma mulher com imensa força. Personagem sem discrição e timidez, Cleópatra recebeu inúmeros julgamentos ao longo dos séculos. Alguns dos mais interessantes, sobretudo para uma reflexão atual, são os que se enquadram nos limites das convenções românticas. Cleópatra não faz parte de qualquer convenção. Mãe de dois filhos de Antônio, ela também é uma mulher livre e, por isso, não encontra resistência moral em si mesma ou qualquer reserva em praticar o amor livre com seus pretendentes e amantes. Todavia, essa liberdade de Cleópatra não é de simples compreensão, nem para os que estão ao seu entorno nem para os homens com quem se relaciona.

Cleópatra é uma mulher que entende o desejo: reconhece o outro como objeto e faz uso dele para a própria satisfação. Nos relacionamentos com Marco Antônio e Júlio César, o desejo é também pelo desejo do outro, uma vez que ela igualmente quer ser desejada por eles. Essa emancipação sexual de Cleópatra foi, e tem sido, tema de debate sobre os principais aspectos que podem formar a sua caracterização, para estudiosos, leitores e atores.

A caracterização de Cleópatra como uma personagem feminina que detém autonomia financeira e poder político é também tema de desconforto. A própria fragilidade relativa de Marco Antônio ressalta ainda mais a força de Cleópatra. Nesse contexto, as noções de gênero, que se enraízam nas discussões contemporâneas, podem ganhar mais fluidez. Isso acontece quando uma mulher assume, sem se desculpar, o poder e suas implicações políticas, ao mesmo tempo que um homem, também detentor de poder, se torna vulnerável quando colocado em uma comparação direta com esta, como é o caso de Cleópatra e Marco Antônio.

Cleópatra é apresentada como uma personagem agressiva e manipuladora, porém também é envolta em mistério e inescrutabilidade. Alvo de críticas e de certo ressentimento, tendem a reduzi-la a uma mulher irracional, dominada por caprichos.

O debate ganha ainda outra nuance quando consideramos a questão racial na peça. Ainda que no texto de Samuel Daniel, "A tragédia de Cleópatra", datado do século XVI, a questão da cor da personagem não seja um ponto de grande reflexão ou destaque, na peça de Shakespeare, inspirada na obra de Plutarco – especulação amplamente aceita –, esse aspecto se evidencia com mais nitidez. Assim como Shylock e Otelo, Cleópatra destoa dos demais à sua volta. Ela se destaca não só pelo temperamento passional e pela imprevisibilidade, mas também pela aparência. Ou seja, sua infamiliaridade incomoda os que são obrigados a lidar com ela. Algumas das referências a ela, no decorrer da peça, são "cigana", "egípcia", "puta" e "escrava".

Considerando este aspecto, é possível pensar que a pele escura de Cleópatra, em interpretações desde o século XIX até os dias de hoje, contribui para sua construção como personagem "exótica". Entretanto, isso não se limita apenas à sua origem, geografia e cor de pele, mas também está associado ao seu gênero — uma mulher de pele escura que detém autonomia e poder político, sexual e influência é um conjunto indesculpável para o patriarcado e suas convenções.

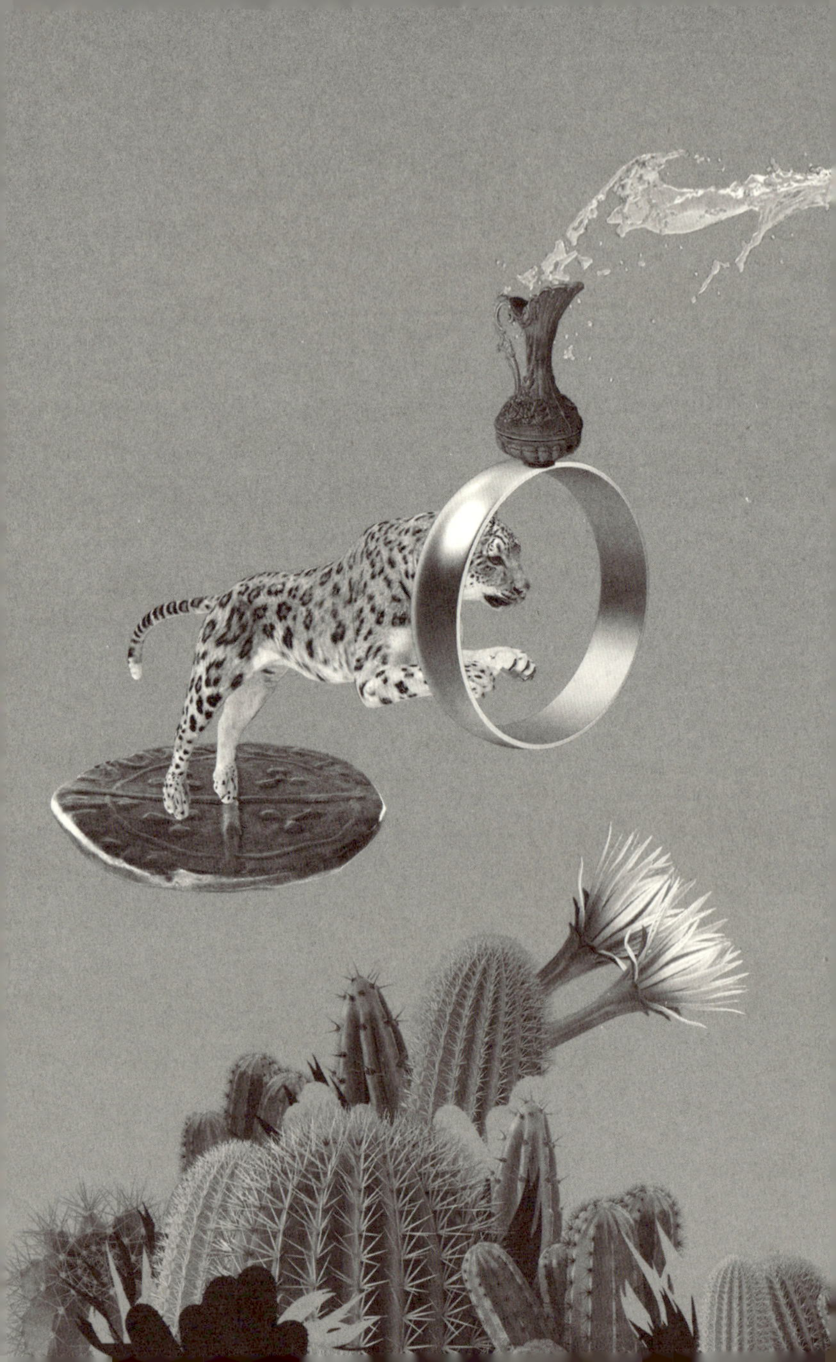

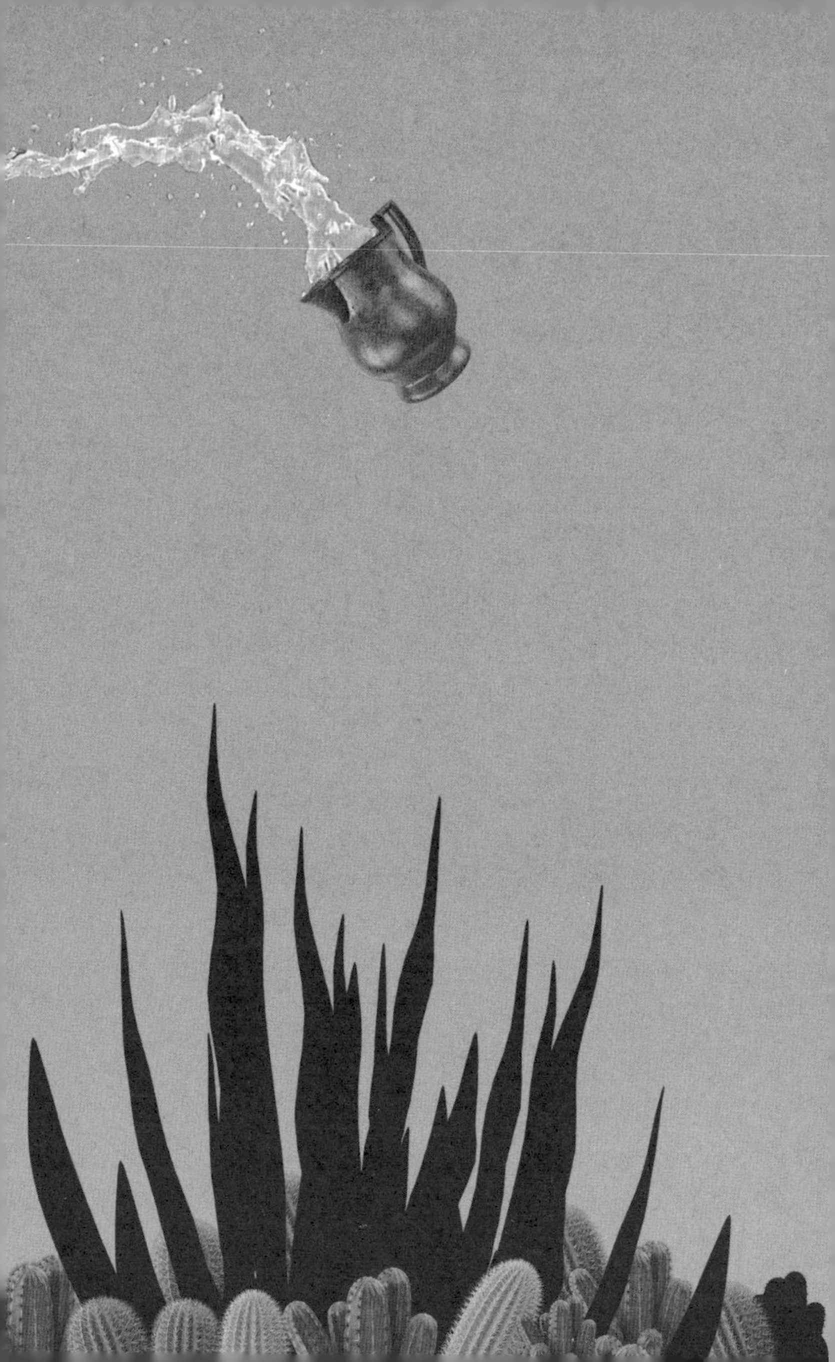

C

CATARINA

A MEGERA DOMADA,
1590

Um ferreiro de nome Christopher Sly entra em uma taberna e, depois de beber em excesso, quebra alguns copos pelos quais se recusa a pagar. A atendente sai à procura de um policial. Christopher Sly cai no sono e é encontrado por alguns homens influentes. A partir daí, os homens tentam pregar uma peça em Sly, que passa a acreditar que é um lorde rico que acordou de um sono pesado e não se lembra bem da própria identidade, de que era um miserável. Ou, caso se lembre, parece aliviado em acordar na riqueza e na nobreza.

Parte do título em inglês *"The Taming of the Shrew"* ("A megera domada"), *"shrew"* é uma palavra usada para designar um pequeno mamífero parecido com a nossa toupeira. Curiosamente, tanto o termo "toupeira" quanto *"shrew"* têm conotações pejorativas quando associados a pessoas. No caso de *"shrew"*, a origem pode ser traçada na Idade Média e o significado passa a se desdobrar na representação e imagem femininas. Uma *"shrew"* era uma mulher geralmente mais velha, por vezes incompreensível e à margem. Uma mulher que passou do tempo. Assim, ela passa a ser ou uma bruxa ou uma curandeira, isto é: alguém que causa riso, medo ou repulsa.

A relação estreita entre idade e beleza foi muito nítida no fim da Idade Média e no Renascimento. Nas artes, a beleza feminina era, inquestionavelmente, a de uma mulher jovem. As mulheres mais velhas, quando retratadas nas artes plásticas, eram o elemento cômico, ridículo e grotesco. Surge, assim, a sátira representada por figuras de mulheres em pinturas renascentistas, sendo uma das mais ilustrativas dessa tendência *A duquesa feia* (ou *A mulher velha*, ou ainda *A grotesca mulher feia*), do pintor holandês Quentin Matsys, de 1513. A associação com o termo *"shrew"* passa, então, a ser feita diretamente com mulheres que avançavam para determinada idade, ainda não haviam se casado e eram por demais temperamentais e indomáveis. Eis Catarina, de "A megera domada".

Uma peça dentro da peça é a premissa do texto de Shakespeare. É também uma narrativa sobre pares, sobre interesses financeiros no casamento visto como um acordo. Na era elizabetana, a ideia do casamento vinha atrelada a uma relativa igualdade de recursos – ricos casavam-se com ricos e pobres com pobres. Embora o sistema de classes no Reino Unido continue barrando a mobilidade social, não o faz de forma tão explícita. Casar-se por dinheiro, portanto, era completamente aceitável no século XVI como, sejamos francos, ainda é hoje em dia.

Uma das propostas de reflexão para Catarina como personagem atravessa dois pontos incômodos. Um deles é o fato de ela poder significar hoje um ícone feminista. Catarina não se submete, ainda que ela e Petruchio casem-se por dinheiro e amor, como fica claro até a conclusão da peça.

Durante o período em que a peça foi escrita, havia ainda outro elemento importante para determinar que um casamento fosse bem-sucedido: a correspondência de temperamento, personalidade e valores. Nesse aspecto, os arrogantes e rudes Petruchio e Catarina nasceram um para o outro.

Outro ponto bastante evidente na peça e na sua leitura atual é a ressignificação da personagem. Ainda que seja crucial, para deleite literário, uma leitura com pés firmes no tempo em que a peça foi escrita, é muito bem-vinda a abertura de discussões sobre temas pertinentes ao nosso contexto, o que faz de Shakespeare uma referência para exploração e aprofundamento de questões que nem mesmo existiam enquanto escrevia.

O feminismo, como pauta em crescimento, pode ser pensado a partir de um texto como "A megera domada". A historicidade dos argumentos, porém, é fundamental para servir de base e sustentar a polêmica. Informações sobre casamento, vida familiar, o que era consentido e naturalizado são temas relevantes de interpretação tanto das peças quanto do que podemos argumentar sobre elas.

As casas medievais influentes eram, na maioria das vezes, lugares de intensa socialização centrados no pai como figura principal, pela autoridade financeira. Um conceito parecido ao *domus* romano, unidades domésticas (residências) controladas pelos pais de famílias

A mulher irritada é como fonte remexida:
escura, repulsiva, privada da beleza;
e assim mantendo-se, não há ninguém, por
mais que tenha sede, que se atreva a
encostar os lábios nela, a sorver uma gota.
"A megera domada", Catarina –
ato 5, cena 2

---

mais abastadas, em um formato organizacional que deu origem ao termo "patriarquia". Esse mesmo formato conferia total poder de negociação e de imposição de várias naturezas. O Código Justiniano, por exemplo, que foi uma espécie de conjunto de leis ou um guia moral, implementado durante o governo do imperador romano Justiniano, e que vigorou plenamente durante a Idade Média e na dinastia Tudor, previa penas para várias práticas consideradas criminosas ou inaceitáveis, mas de forma relativa e subjetiva. Adultério, por exemplo, poderia ser considerado crime merecedor de morte, mas as condições para a execução dos amantes eram curiosas e poderiam ser justificadas apenas se o ato acontecesse na casa da família, se os adúlteros fossem pegos em flagrante e se a execução fosse imediata. Havia também uma curiosa proteção à integridade física da mulher e, mesmo que fosse insuficiente, reconhecê-la é útil para aprofundarmos os argumentos. Se um homem, ainda que tendo direito ao divórcio caso a mulher o traísse, acusasse a esposa de adultério e não pudesse juntar provas, a mulher passava, então, a ter o direito de se divorciar dele. Adultério, aliás, era um tema de extrema seriedade e com consequências diversas previstas no Código Justiniano.

Surpreendentemente, às mulheres era dada relativa proteção, inclusive financeira, sua maior expressão de autonomia. Se o marido fosse condenado por esse tipo de traição, a mulher teria direito a um dote. Caso o adultério fosse cometido pela mulher, ela teria direito a manter parte dos bens que trouxe para o casamento. Também era prevista a punição da violência contra a mulher. Dependendo do grau de violência – claro, o que é absurdo nos dias de hoje –, o marido teria que pagar a ela um montante equivalente ao que a noiva trouxera antes do casamento. Embora sejam perturbadoras a noção de violência em graus e a relativização de agressões ligadas ao *status* financeiro da mulher, a questão que permanece é a falta de proteção às mulheres, que, naquele período, eram desprovidas de qualquer conforto financeiro: as mulheres pobres, as miseráveis, as que não tinham como transitar numa suposta mobilidade social. A essas mulheres a desproteção completa era a regra, o que as tornava vulneráveis.

Ainda que essa espécie de *domus* fosse o cenário provável e reconhecido das personagens de "A megera domada", Catarina se destaca por ser um par equivalente a Petruchio. De todas as suas características mais notadas, como a violência, a agressividade, o mau temperamento, a disposição para conflito e combates, mas também a assertividade, são precisamente esses aspectos de personalidade que ela parece modificar, atenuando a intensidade dessas mesmas características quando conhece Petruchio e, depois, ao se casar com ele.

Embora seja possível acreditar que Catarina esteja apaixonada por Petruchio e aceite os péssimos modos do pretendente, identificamos, ao longo da peça, uma personagem estratégica, inteligente e flexível. Precisamente por essa astúcia, bastante característica das personagens femininas de Shakespeare, é interessante percebermos que existe entre o casal uma cumplicidade e acordo tão profundos que aquilo que encenam parece ser um jogo duplo. Ou seja, aos olhos dos habitantes do vilarejo, Catarina atende às expectativas que recaem sobre a mulher: submissa e obediente às demandas do marido. Porém, o que acontece entre Catarina e Petruchio é uma cumplicidade tamanha, que acolhe os dois personagens na intimidade, amantes na vida privada. Conforme Harold Bloom sugere, Catarina e Petruchio talvez formem o casal mais feliz nas peças de Shakespeare. Há entre eles um empenho para que atendam às expectativas sociais, para que essa adequação atenue tanto a curiosidade alheia quanto os possíveis questionamentos. Catarina e Petruchio conseguem um feito raro: amam-se de maneira convencional aos olhos e expectativas dos outros, mas olham-se nos olhos quando estão a sós.

Talvez seja esse o ponto crucial e revelador na inteprretação do discurso de Catarina, seu reconhecido monólogo ao final da peça. Um texto que é um elogio à submissão, à obediência e à inferioridade do gênero feminino. No entanto, se estivermos atentos ao sarcasmo, é exatamente nesse discurso que é exposta – para leitores e espectadores dispostos a trabalhar essa possibilidade –, a estratégia e inteligência da personagem, que joga o jogo da opinião pública para viver um amor no privado.

A inteligência de Catarina está em compreender o seu entorno e as convenções. Por mais dificuldade que tenhamos em entender as motivações de Catarina ao aceitar um tipo grosseiro como Petruchio, não cabe a nós essa escolha feita no século XVI, pois ela é a única mulher na peça que se equivale a ele. Com o seu monólogo, é Catarina quem prega a peça. Não somos nós ou os outros a julgar a misoginia da situação, como se víssemos o que Catarina não vê. É ela quem enxerga, mas diz o que, sob aquelas circunstâncias, era esperado, e diz o que nós, hoje em dia, recusamos veementemente. O posicionamento de Catarina em público não a incomoda porque não condiz com o privado. Cabe a nós hoje considerarmos esse aspecto como problemático ou como perspicaz.

… # {ATO III}

ÁGUA

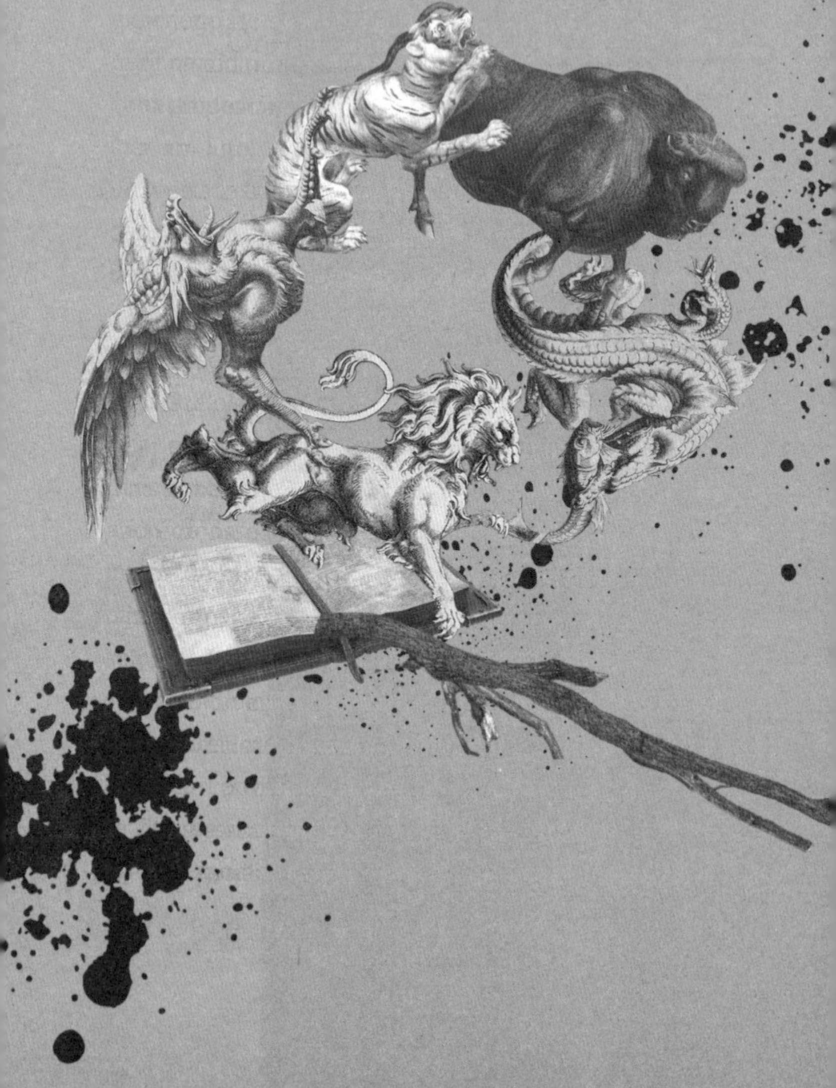

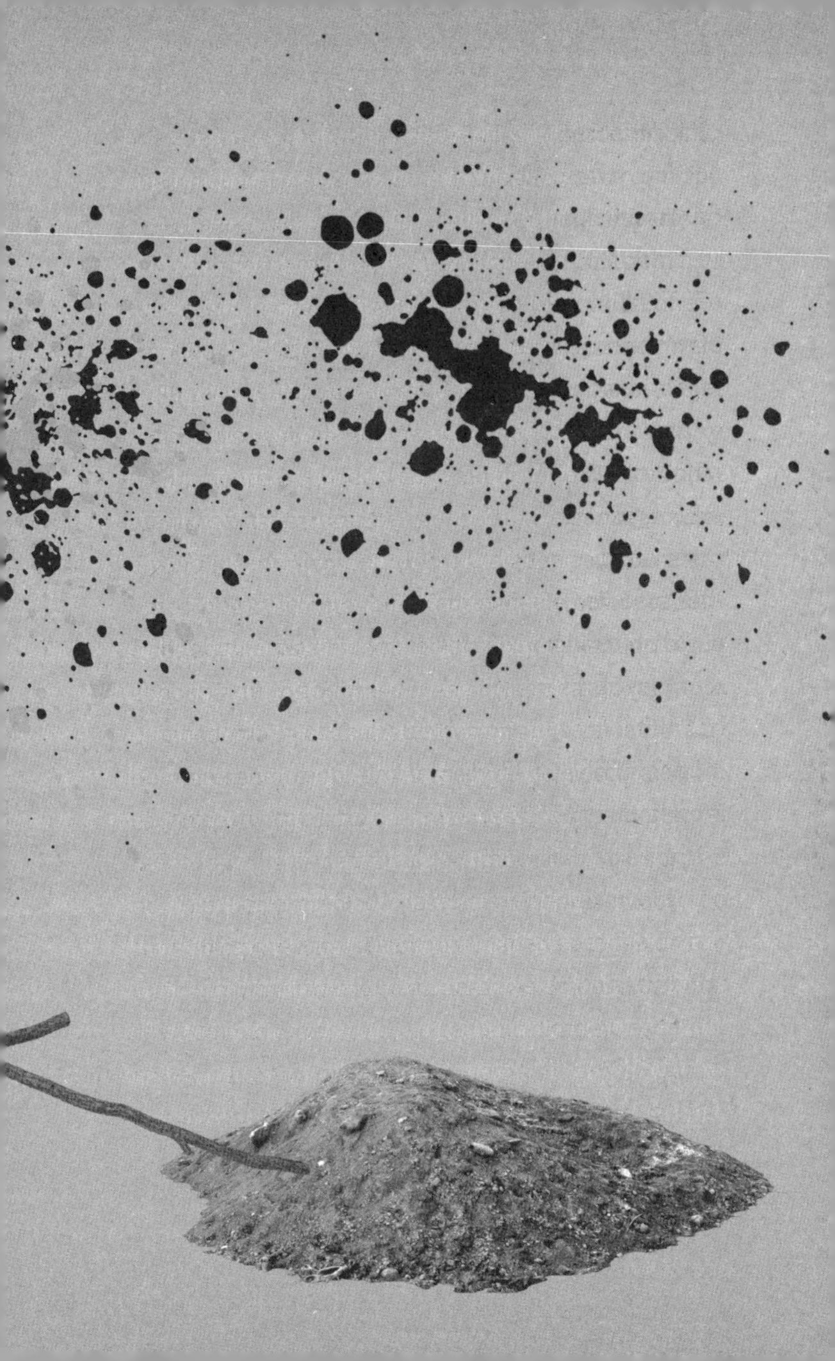

L

LAVÍNIA E TAMORA

TITUS ANDRONICUS,
1591

Um banho de sangue. "Titus Andronicus" é uma das peças menos conhecidas e, possivelmente, uma das primeiras escritas por Shakespeare. Numa narrativa extremamente violenta e perturbadora, com direito a cenas de estupro coletivo, mutilações, esquartejamento, traições, canibalismo involuntário, o senso de vingança é o grande motor da peça. Não tão distante do que acontece em "Romeu e Julieta", a comunidade representada na narrativa está predisposta a atos de violência sem qualquer questionamento sobre suas motivações. É um hábito naturalizado e perpetuado por gerações.

Trata-se de um texto polêmico, não apenas pela violência sem tréguas em seu percurso, mas também entre estudiosos do autor – por não haver consenso sobre a qualidade literária se comparado a outros trabalhos de Shakespeare. "Titus Andronicus" traz duas personagens femininas, as únicas da peça, aparentemente antagônicas e carregadas de simbolismo e complexidade.

Figura passiva, doce, sem voz ou vez, Lavínia é filha de Titus. É ela a vítima de várias formas de violências, como o estupro que sofreu por dois homens em cima do corpo morto do marido. Para garantir seu silêncio, os criminosos cortam sua língua e mutilam suas mãos. Faço uma correspondência de Lavínia com Lucrécia, no rapto, em relação ao estupro. "*The rape of Lucrece*" é traduzido ao português como "O rapto de Lucrécia". O incômodo com a tradução é justificável. Embora um estupro e um sequestro tenham em comum a classificação de crime, um estupro é de uma violência inominável e íntima. No poema de Shakespeare escrito no século XVI, Lucrécia recusa as tentativas e avanços sexuais do amigo do marido. Ela diz não e, ainda assim, como se o não fosse palavra hesitante, ele insiste a ponto de violentá-la.

E qual seria a razão dessa violência por um ato que não se faz sozinho? É possível justificá-lo? Uma hipótese seria a normalização tanto da violência contra a mulher quanto da fragilidade feminina. Mas Lucrécia era linda, dormia nua e com a janela aberta. Seria um convite ao crime?

Lavínia era a presa mais fácil pela sua incontestável passividade. A facilidade de captura de Lavínia como vítima de estupro não é, como talvez seja sedutor pensar, pela sua doçura e impensável capacidade de resistência. Tanto no caso do estupro de Lucrécia quanto no de Lavínia, a causa do crime é o próprio hábito da violência como forma de existir. Lavínia e Lucrécia habitam sociedades organizadas a partir da violência.

O silenciamento de Lavínia é um desdobramento da sua falta de voz antes mesmo da sequência de agressões e crimes que sofre, já que ela se apresenta como uma personagem passiva, sem poder de argumento ou persuasão. No início da peça, quando Bascianus, seu noivo, protesta que ela seja entregue a Saturnino, Lavínia é incapaz até mesmo de expressar seu desejo de ficar com o noivo.

"Titus Andronicus" é sobre violência como meio de conquista. Violência política, física, sexual. A doçura e inteligência de Lavínia a tornam vítima. Ao mostrar aos irmãos o livro *Metamorfoses*, de Ovídio, ela expõe o estupro que sofreu. Ela também escreve um texto na areia, numa tentativa de contar sobre os crimes dos quais foi vítima. A ausência da voz de Lavínia pode apresentar ainda outra simbologia. É ela que, a partir de métodos intelectuais, tenta desenrolar as informações sobre os atos criminosos que sofreu. Lavínia é alfabetizada, é uma leitora; no entanto, seu conhecimento e educação não têm qualquer relevância numa trama em que as personagens se alimentam de sangue e violência.

> *Morre, Lavínia, morre e com a sua morte a sua vergonha.*
> "Titus Andronicus", Titus – ato 5, cena 3

Se, por um lado, Lavínia nos remete à doçura, Tamora se apresenta quase como seu oposto. Mas, a suposta oposição é aparente e superficial, já que Tamora pode indicar outro tipo de contextualização para a fragilidade feminina. Não procede que Tamora seja uma vilã com plenos poderes. Ao observarmos a dinâmica da personagem, fica claro que ela tem apenas os poderes que os homens com os quais se relaciona lhe conferem. Ela é dependente dos homens à sua volta, não há emancipação da personagem. Quando chega em Roma, é levada por Titus. Este decide matar o filho de Tamora, que se revela impotente para reverter a situação. É possível identificar circunstâncias em que ela se apresenta temível e poderosa, mas são circunstâncias atreladas à sua dependência do poder masculino. Ela se presta a tudo para manter-se entre os círculos de poder – favores sexuais, inclusive, o que escancara sua vulnerabilidade. Precisamente nesse ponto, é clara a relação de silenciamento de Lavínia e Tamora.

Em ambas está estampada a condição feminina na sociedade violenta na qual estão inseridas, com a diferença de que cada uma tem seus próprios meios de convívio com essa violência. Tamora, por exemplo, é associada à imagem de tigresa. Recurso imagético bastante utilizado na narrativa, a selvageria aqui é associada à natureza, ao instinto primário de sobrevivência que requer atenção e ataque, como acontece no mundo animal. A comparação das personagens com animais selvagens é clara e, por isso, Lavínia se destaca, ao mesmo tempo que identifica esse instinto destrutivo dos que estão em seu entorno. É ela quem, por exemplo, fala sobre a herança da maldade passada de Tamora para os filhos, através do leite materno. Os mesmos filhos que irão, depois de matarem Bascianus, estuprar Lavínia. A falta de voz de Lavínia depois da mutilação do seu corpo, o que também a expõe como uma presa, é quase redundante. Evidencia o já explícito desde o início da narrativa: a ineficácia das palavras como meio de convivência numa sociedade alimentada pela violência.

A narrativa se desenrola através de um ato violento que alimenta outro, em uma espiral que expõe a vingança, a insatisfação, o medo e as relações de poder entre as personagens.

Ao tomar conhecimento das maldades contra Lavínia, Titus mata os filhos adultos de Tamora quando eles tentam se passar por espíritos com um plano de vingança contra ele. Ela, que antes perdeu o filho capturado por Titus, vive um luto com ressentimento e sensação de impotência. Seu plano de vingança pode ser assim justificado. Titus, porém, percebe o plano de Tamora e, ao matar seus filhos, a convida para um banquete, no qual serve uma torta feita da carne de seus filhos mortos. Os mesmos filhos que estupraram e mutilaram sua filha Lavínia. Essa cena de canibalismo involuntário é uma das mais repugnantes e emblemáticas da peça. Em seguida, para poupar a filha do sofrimento de uma vida mutilada, Titus torce o pescoço dela, repetindo um texto muito conhecido: *Morre, morre, Lavínia*.

A partir da morte de Lavínia, o banho de sangue prossegue com a morte de Titus por Saturnino, que é morto por Lúcio. Este, então, é proclamado como o novo imperador. O primeiro ato de Lúcio é capturar Aron, o mouro, enterrá-lo vivo até o pescoço e fazê-lo passar fome. Mais uma representação flagrante do exercício do racismo – a corda sempre arrebentando do lado mais fraco.

A expectativa de Titus em relação à obediência e lealdade da família faz com que ele mate o próprio filho, considerado desleal. O saldo final são catorze mortes, o maior banho de sangue nas peças de Shakespeare. Mas a questão que permanece é: a violência é inata ou se aprende? Embora a pergunta não seja respondida na peça, fica clara a possibilidade de perpetuação da violência quando um líder não tem força ou influência.

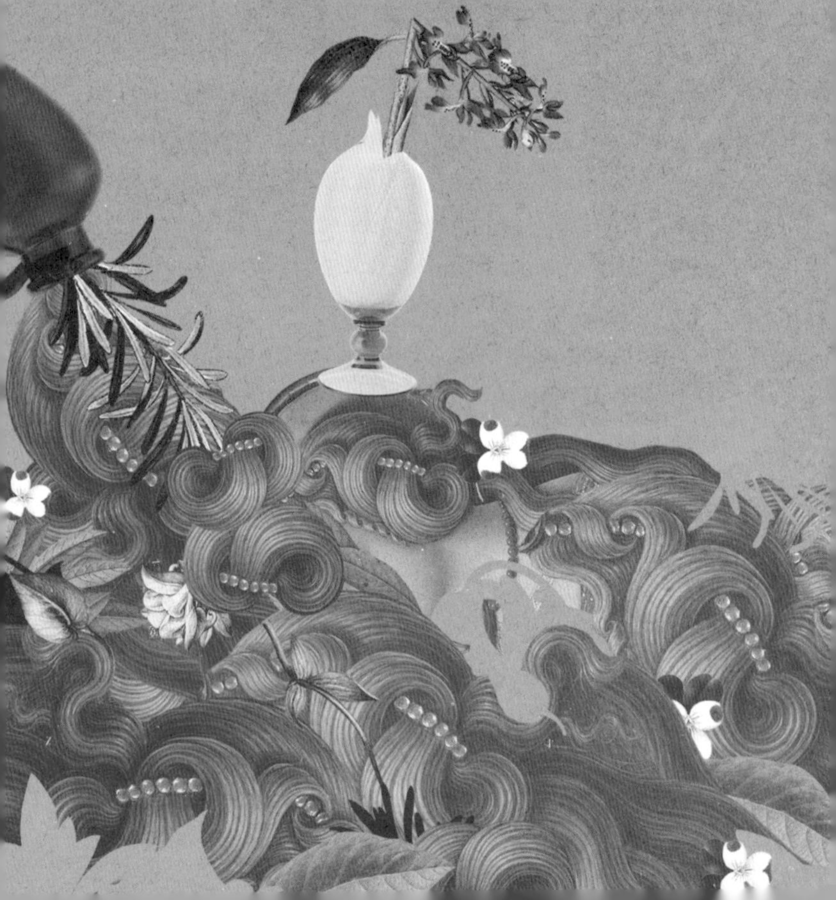

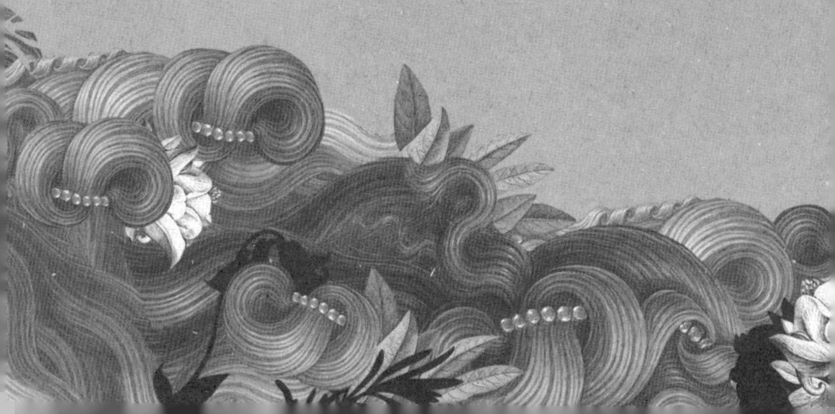

OFÉLIA

HAMLET, 1599

Quando li "Hamlet" pela primeira vez, senti um estranhamento em relação a Ofélia. Em uma peça dominada por personagens masculinas muito expressivas, esse estranhamento expôs certa ingenuidade minha em relação à personagem e à peça. A saída foi, então, mergulhar na mais conhecida tragédia de Shakespeare para entender quem é Ofélia. A razão para não encará-la inicialmente com tanto interesse foi uma falha na compreensão de que não há personagens gratuitas em Shakespeare. As personagens em suas obras são o seu maior êxito no conjunto dramatúrgico. As premissas das peças são, em grande parte, dotadas de temáticas cotidianas, simples. A aparente banalidade do contexto, porém, ganha uma dimensão assustadoramente humana e rica a partir da complexidade de cada personagem, que nos dão variados pontos de vista e inúmeros debates interpretativos.

> *Querida Ofélia, duvide que as estrelas sejam chamas, duvide que o sol gire, suspeite da mentira na verdade, mas não duvide de que eu te amo.*
> "Hamlet", carta de Hamlet à Ofélia lida por Polônio – ato 2, cena 2

Ofélia não é exceção. A figura extremamente passiva da personagem parece nos orientar à luz de Hamlet, sobretudo a partir do ato 3, quando o príncipe da Dinamarca passa a humilhá-la, distribuindo ofensas e farpas a uma moça de aparente candura. No entanto, permanece a dúvida sobre o quão genuíno era o amor de Ofélia por Hamlet e até que ponto esse sentimento foi verdadeiramente expressado. Em uma de suas falas mais fortes, Hamlet a acusa de ser falsa, hipócrita e dissimulada, lançando promiscuidades contra ela. Nesse diálogo fica clara a desconfiança de Ofélia em relação à súbita transformação do afeto de Hamlet. Ela também começa a perceber os sinais de sua própria loucura, mesmo que, na realidade, seja ele quem mente e dissimula.

HAMLET – O poder da beleza transforma a honestidade em meretriz mais depressa do que a força da honestidade faz a beleza se assemelhar a ela. Antigamente, isso era um paradoxo, mas no tempo atual se fez verdade. Eu te amei um dia.

OFÉLIA – Realmente, senhor, cheguei a acreditar.

HAMLET – Pois não devia. A virtude não pode ser enxertada em tronco velho sem pegar seu cheiro. Eu não te amei.

OFÉLIA – Tanto maior meu engano.

HAMLET – Vai para um convento. Ou preferes ser geratriz de pecadores? Eu também sou razoavelmente virtuoso. Ainda assim, posso acusar a mim mesmo de tais coisas que talvez fosse melhor minha mãe não me ter dado à luz. Sou arrogante, vingativo, ambicioso; com mais crimes na consciência do que pensamentos para concebê-los, imaginação para desenvolvê-los, tempo para executá-los. Que fazem indivíduos como eu rastejando entre o céu e a terra? Somos todos rematados canalhas, todos! Não acredite em nenhum de nós. Vai, segue pro convento. Onde está teu pai?

OFÉLIA – Em casa, meu senhor.

HAMLET – Então, que todas as portas se fechem sobre ele, pra que fique sendo idiota sem casa. Adeus.

OFÉLIA – Oh, céu clemente, ajudai-o!

HAMLET – Se você se casar, leva esta praga como dote: Embora casta como o gelo e pura como a neve, não escaparás. Vai pro teu convento, vai. Ou, se precisa mesmo casar, casa com um imbecil. Os espertos sabem muito bem em que monstros vocês os transformam. Vai prum conventilho, um bordel: vai depressa! Adeus.

OFÉLIA – Ó, poderes celestiais, curai-o!

HAMLET – Já ouvi falar também, e muito, de como você se pinta. Deus te deu uma cara e você faz outra. E você ondula, você meneia, você cicia, põe apelidos nas criaturas de Deus, e procura fazer passar por inocência a sua volúpia. Vai embora, chega, foi isso que me en-

loqueceu. Afirmo que não haverá mais casamentos. Os que já estão casados continuarão todos vivos exceto um. Os outros ficam como estão. Prum bordel, vai!

(Sai)

OFÉLIA – Ó, ver tão nobre espírito assim tão transtornado! O olho, a língua, a espada do cortesão, soldado, sábio, Rosa e esperança deste belo reino, Espelho do gosto e modelo dos costumes, Admirado pelos admiráveis – caído assim, assim destruído! E eu, a mais aflita e infeliz das mulheres, Que suguei o mel musical de suas promessas, Veio agora essa razão nobre e soberana, Descompassada e estrídula como um sino rachado e rouco. A forma incomparável, a silhueta da juventude em flor, Queimada no delírio! Oh, desgraçada de mim, Que vi o que vi, vendo o que vejo!

Nesse diálogo abusivo, Hamlet é exposto e revelado em suas piores qualidades. A descrença, a surpresa e a dor de Ofélia, ao ouvir do seu amor palavras tão farpadas, deixam Hamlet à luz da vilania. Ainda que seja uma das peças mais citadas na psicanálise, tanto pela relação entre Hamlet e Gertrudes, sua mãe, como pela relação de Hamlet com Cláudio, seu pai, detenho-me em Ofélia.

Em determinado ponto da peça, Ofélia começa seu processo de loucura. Há duas principais interpretações que identificam as fontes para tal desequilíbrio: o luto pela morte do pai e a mágoa e dor pela rejeição de Hamlet. Ofélia demonstra total obediência a Polônio, seu pai. Até mesmo quando Polônio pede à filha que se afaste de Hamlet, Ofélia obedece, ainda que seja possível uma interpretação mais reticente e sugestiva de que ela tenha obedecido ao pai, mas persistido no relacionamento com Hamlet. Todo o movimento de Ofélia é controlado ou previsto pela figura do pai. Quando essa figura se ausenta de forma cortante e profunda, Ofélia perde seu alicerce.

Segundo Freud, o nascimento do filho só ocorre com a morte do pai (ou da mãe). Com essa reflexão em mente, observamos uma mulher sem qualquer autonomia, vítima de uma relação de posse, livre pela primeira vez. Nada pior do que a liberdade para os emocionalmente dependentes, como é o caso de Ofélia, para quem é inimaginável uma vida sem as amarras que formaram sua casa, seu senso de pertencimento à família. Embora seja uma relação abusiva e de controle, era a única que ela conhecia. Uma vez livre desses limites, ela se perde por não saber aonde ir, já que nunca foi orientada a caminhar sozinha.

Portanto, pode-se pensar no processo de loucura engatilhado pela ausência de uma identidade estabelecida e fortalecida. Ausência essa afirmada pelo pai e pelo irmão de Ofélia. Polônio chega a adverti-la sobre não ter autonomia de pensamentos ou ações, pois, caso isso acontecesse, ela o constrangeria.

Também é interessante pensar na misoginia de Hamlet e em sua irresponsabilidade – ambos garantidos por seu poder e seu gênero. Como homem, ele se vê autorizado a despejar insultos em Ofélia sem sequer pensar nas consequências para ambos. Insultos esses associados à reputação e à castidade da personagem, além da expectativa de boa índole criada sobre ela. Conforme o que já mostramos do ato 3, cena 1, Ofélia é agredida verbal e violentamente por Hamlet. Sentindo-se culpada em relação à sua castidade – projeto de total controle do patriarcado sobre as mulheres –, ela se mata, mas antes enlouquece com as palavras de Hamlet, que julga seu comportamento em um discurso desenfreado, sem dar a ela o tempo da palavra.

Essa ideia da castidade como qualidade é alimentada tanto por Hamlet, em seu discurso vulgar enquanto ofende Ofélia, quanto pela própria Ofélia, que se sente insultada. Ofélia fala na peça sobre a mulher que perde a virgindade para o homem que promete o casamento, mas não cumpre a promessa. (Uma referência a ela própria e a Hamlet.)

A mulher virgem como prêmio ou como expectativa foi uma ideia desenvolvida especialmente para controlar bens e heranças. Uma mulher com vários parceiros sexuais estaria mais propensa a ter um maior número de filhos, sendo inevitável o descontrole do conhecimento para a confirmação da paternidade. Assim, ao longo da História a mulher virgem foi considerada não somente aceitável e desejável, mas também útil.

Outro tema não tão comentado em "Hamlet", mas tão importante quanto fascinante dentro da narrativa de Ofélia: o aborto. Tema sugerido pela menção a ervas e flores, receitas de herbários — catálogos de plantas medicinais e misturas para todo tipo de tratamento ou prevenções. Na Inglaterra Moderna, período no qual Shakespeare viveu, os herbários eram amplamente usados e lidos por mulheres. Curiosamente, os boticários e cientistas faziam questão de se distanciarem dos herbários, descreditando qualquer receita, mistura ou informação sobre suas propriedades naturais. O domínio masculino do saber formal, do acesso à educação e da alfabetização afirma a exclusão da mulher na sociedade, bem como no âmbito da saúde. Embora os herbários lidassem com conhecimentos ancestrais e seus elos com a natureza, foi o conhecimento científico – aquele que requeria uma erudição formal e restrita em termos de gênero – que ficou estabelecido como oficial, creditado pelos mesmos homens que validavam opiniões.

Em *Old Wives Tales* [em tradução livre: "Contos de velhas mulheres"], a autora Mary Chamberlain cita John Cotta, um estudioso do século XVII que acreditava ser inteligente que os homens dessem às mulheres a oportunidade de praticarem feitiçaria através dos herbários, uma vez que eram consideradas práticas menores e associadas a crendices. Assim, esses seres intelectualmente inferiores ficariam satisfeitos e deixariam os homens prosseguirem com suas pesquisas sérias, formais e científicas.

Algumas interpretações de "Hamlet" consideram que há fortes indícios de um aborto praticado por Ofélia. Talvez essas pistas fossem obviedades para uma plateia no século XVI e XVII na Inglaterra. Afinal, o uso das plantas como tratamento médico por mulheres era abertamente conhecido e divulgado. Ofélia morre no fim do ato 4 e é de comum acordo entre leitores e plateia que, quando a peça começa, Ofélia e Hamlet já haviam se encontrado de forma íntima e privada.

Essas ervas e flores têm uma simbologia e uma imagem importantes na construção do fim de Ofélia. Fim esse, entendido por Gertrude, também pelo saber comum sobre as propriedades medicinais das plantas. No caso de Ofélia, fica clara a associação com a loucura, o suicídio, mas também a menção às características abortivas de várias das ervas que enumera, como alecrim (anticoncepcional e abortivo); margaridas (com propriedades anti-inflamatórias e analgésicas, também usadas como inibidoras de produção láctea); amor-perfeito (associado à cura de doenças venéreas); violeta (além de significar fidelidade e lealdade, ajuda a combater dores e inflamações); funcho (abortivo); colombina (conhecida pelo alto teor tóxico e venenoso); arruda (com propriedades abortivas e anticoncepcionais).

O fim da personagem merece toda a atenção não apenas pelo ato do suicídio, mas como proposta estética, depois abraçada por artistas do mundo todo e sempre reinterpretada. A figura de Ofélia deitada num rio, momentos antes de se afogar é a imagem mais retratada da personagem. Como se a única cena de sua vida fosse aquela em que está na borda da morte. Não é difícil pensar nas razões pelas quais a imagem de Ofélia deitada num rio tenha sido tão atraente no século XIX. A figura da mulher que decide morrer, cercada pela natureza selvagem, cabe exatamente na proposta do Romantismo inglês e no que reverberou dele. Não é coincidência ter se tornado icônica a pintura pós-romântica de John Everett Millais, datada de 1852, hoje, exposta na Tate Britain. Gosto ainda mais da interpretação de outro inglês, John William Waterhouse – sua Ofélia ainda não flutua nas águas; ela se prepara, com flores nos cabelos e pelo corpo, para entrar na água. É o delírio, mas é também o antes de dobrar a fronteira e se postar no rio. É quando ela enfeita o corpo para a morte. O conhecimento do herbário de cada erva, folha e flor, seus efeitos e o poder de Ofélia sobre a própria vida. E, como as coisas se entrelaçam, há uma bela série de Julia Cameron (fotógrafa inglesa e tia de Virginia Woolf) de Emily Peacock, atriz que interpreta Ofélia nas fotografias. Virginia, que lia Shakespeare exaustivamente, foi, como Ofélia, encontrar sua morte num rio.

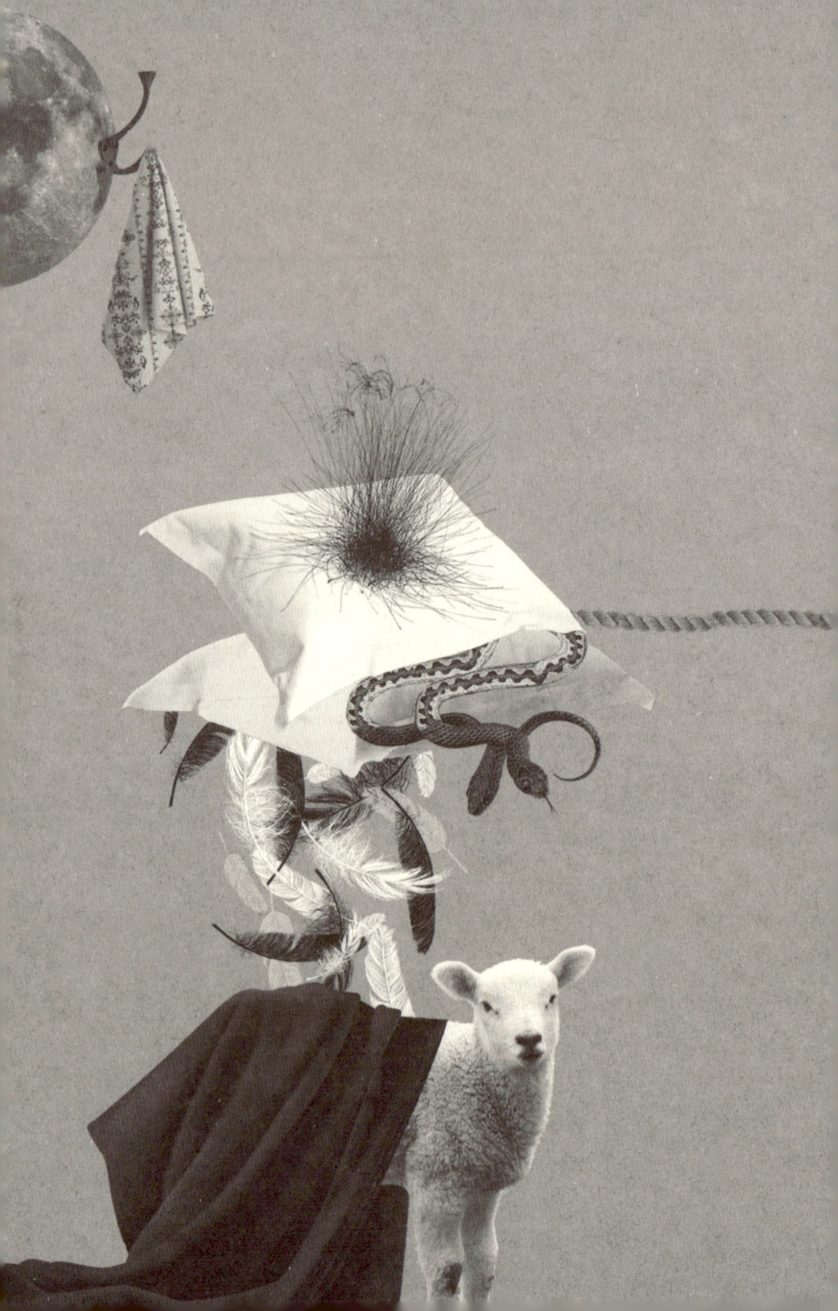

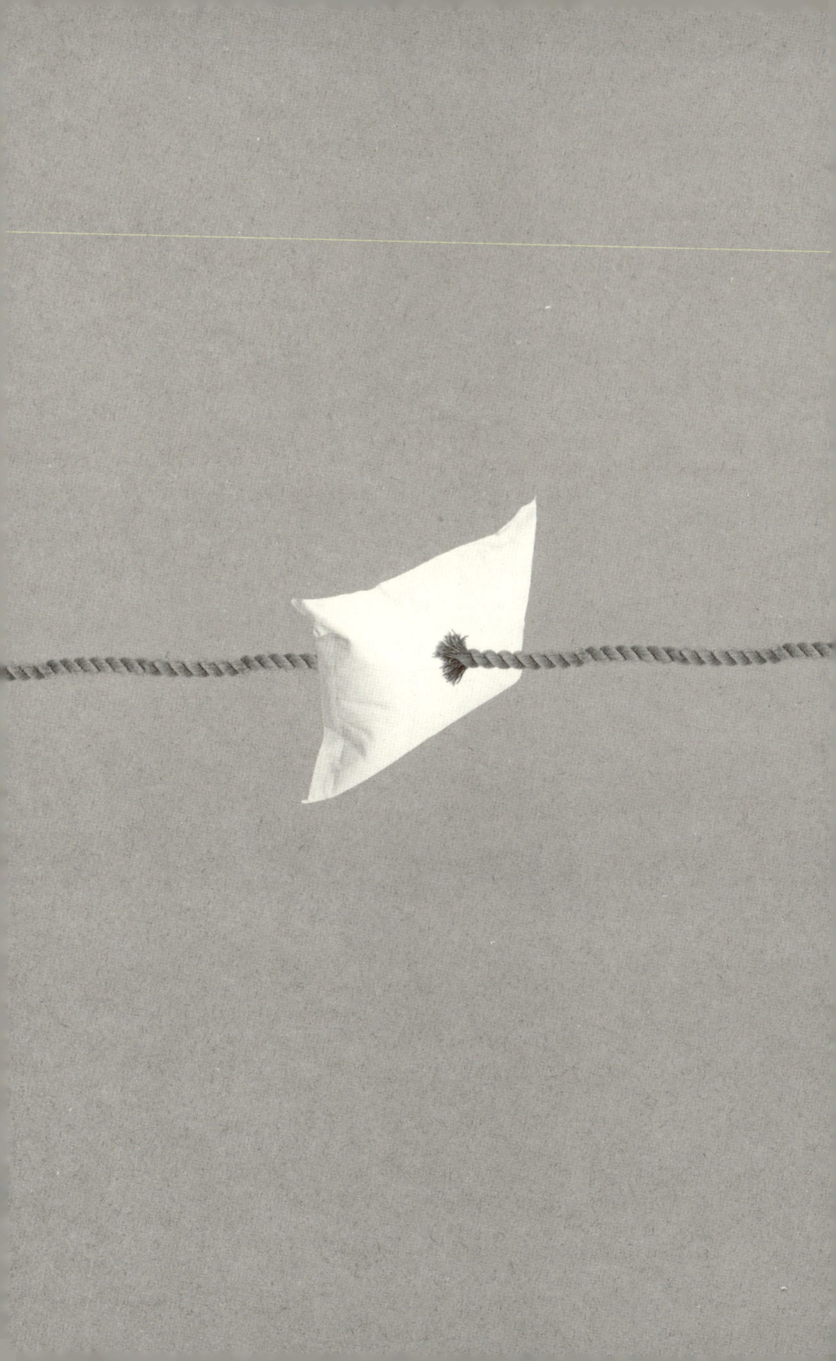

D

DESDÊMONA

OTELO, 1603

Corajosa, leal, afetuosa, virtuosa, pura, trágica, vítima, ingênua. Esses são predicados relacionados a Desdêmona em muitas análises que pecam pela superficialidade e não desenvolvem os vários lados da personagem. Ela é tão rica quanto apressadamente interpretada.

É quase unanimidade a opinião de que Desdêmona é uma moça angelical, mas eu gostaria de propor uma qualidade nem sempre direta e associada a ela: inteligência estratégica. "Otelo" é uma história de amor inter-racial entre uma mulher branca e um homem negro. A posição de poder e autoridade ocupada por Otelo, o mouro, facilita a aproximação dele ao núcleo da família de Brabantio, pai de Desdêmona, e consequentemente seu casamento com ela. São as posses e o prestígio do mouro que acalmam os preconceitos de Brabantio, então disposto a não notar a origem e a cor de Otelo. No início da peça, o pai de Desdêmona em sessão no Senado diz que a filha é tão tímida que se enrubesce à vista da própria face e que, por isso, ela jamais se interessaria por um negro rústico como Otelo.

No ato 1, cena 3, contudo, vemos uma Desdêmona articulada, pronta para defender sua posição. Diante dos questionamentos do pai sobre seu amor por Otelo, ela propõe a ele que reflita sobre a sua lealdade tanto ao pai quanto a Otelo, da mesma forma que a lealdade de sua mãe ao seu avô e ao seu pai. Desdêmona não demonstra qualquer timidez, mas desenvoltura. Ela também manifesta atração física por Otelo, quando sugere acompanhá-lo na viagem ao Chipre, já que dessa forma ela poderá se comportar como sua mulher. Essa cena específica comprova a racionalidade e a inteligência de Desdêmona, atributos que tantas vezes faltam nas descrições masculinas de personagens femininas, reduzidas à estupidez ou à dramaticidade.

É genial o que Shakespeare realiza ao introduzir uma personagem feminina que, à primeira vista, parece unidimensional, pura e tímida. Porém, essa visão é a dos homens ao seu redor, cuja inteligência é limitada. Eles não conseguem reconhecer a profundidade e a complexidade presentes em Desdêmona.

Ainda que Brabantio não se coloque como um obstáculo intransponível para o casamento entre a filha e o mouro, é na personagem de Iago que a peça se transforma. Mesmo que pensemos "Otelo" como uma tragédia de um marido cego de ciúmes que mata a mulher na qual ele já não confia, o que se destaca nessa narrativa e importa para o debate atual é o feminicídio. Não é, afinal, uma tragédia. Hoje, ao ler "Otelo", lemos o desenrolar de atos de ciúmes, desconfiança, obsessão, possessividade e manipulação que levam a um crime. Desdêmona é assassinada por Otelo, que asfixia a mulher com um travesseiro enquanto ela jura lealdade e fidelidade a ele.

> *Cuidado, meu senhor, com o ciúme,*
> *esse monstro de olhos verdes que zomba*
> *da própria carne que o alimenta.*
> "Otelo", Iago – ato 3, cena 3

Nessa instância, podemos ver Iago como símbolo da insegurança de Otelo. As artimanhas usadas por Iago, a manipulação das suas palavras, as questões raciais sempre presentes e enfatizadas durante toda a peça são elementos que caracterizam menos Iago e mais Otelo em sua profunda desconfiança. A complexidade das questões raciais faz de Otelo um homem constantemente alerta aos sinais de discriminação, além de assegurar a ele uma relativa síndrome de impostor. Esse argumento ganha força quando Otelo passa, a partir de determinado ponto da peça, a se alimentar do próprio ciúme. Iago, ou qualquer que seja a simbologia para a insegurança, simplesmente planta sementes que crescerão em Otelo, um homem já tão suscetível.

Interessante também passa a ser a duplicidade de Iago – esperada, é claro, sendo ele um manipulador.

Iago comenta com Brabantio ter nojo ao imaginar que *um bode preto e velho está fazendo sexo com sua cabritinha branca. Acorde, toque os sinos, desperte os cidadãos dos seus roncos antes que seja tarde demais e você acabe tendo netos pretos* (ato 1, cena 1). Por outro lado, ele se junta a Otelo como seu confidente e amigo. Iago é da natureza dos falsos, mas tece essa teia magistralmente como se fosse uma dança entre o consciente e o inconsciente do próprio Otelo. Sobre as características racistas de Iago, a personagem usa, em alguns momentos, o termo "diabo" para se referir a negro. A cor preta foi durante aquele período associada ao inferno, ao demônio e à luxúria – a tudo o que condenavam os puritanos. As cartas de tarô, durante o reinado da rainha Elizabeth, traziam a carta do Diabo representada por um homem de pele escura e com características físicas contrastantes com as do Imperador, da Alta Sacerdotisa, da Imperatriz, da Força e do Tolo, por exemplo. A ilustração e representação do Demônio pareciam-se com as imagens produzidas de Calibã, o monstro nativo na peça "A tempestade".

A tragédia de Otelo e o feminicídio de Desdêmona têm, portanto, um significado mais amplo para o debate atual. É mais complexa do que a redução das personagens às figuras de manipulador, manipulado e vítima. Essas três classificações concentram pontos cruciais da trama, mas não bastam. A tragédia de Otelo passa a representar a fatalidade e a desgraça do estrangeiro que, embora rico, é vítima da supremacia branca e cristã. Como em "O mercador de Veneza", em que Shylock, ainda que seja o homem do dinheiro, é humilhado por ser judeu, Otelo também se encontra em desvantagem por estar inserido numa sociedade que vê sua cor como um escândalo e como um alerta claro de diferenciação. Quando essa fronteira é ultrapassada, como em seu relacionamento com Desdêmona, por exemplo, ela não parece nunca ser definitiva. Nem para os preconceituosos nem para quem sofre o preconceito. Ironicamente, a única pessoa em paz com a questão racial é a que será assassinada.

O contraste da pele branca de Desdêmona com a de Otelo não é, naturalmente, gratuito. Quando Shakespeare destoa as peles dos dois amantes, dando a eles características tão opostas pelo olhar das personagens do entorno, o dramaturgo não só evidencia os olhares preconceituosos na peça, como também aponta para a escolha da própria Desdêmona. Disposta a se envolver, por amor, com um homem de outra etnia, mas não só: etnia diretamente associada ao oposto puro e angelical representado por sua própria figura.

Em relação ao feminicídio de Desdêmona, este ilustra uma condição inerte ao longo da História. A índole de uma mulher, quando posta de forma antagônica àquela do homem, sempre esteve em desvantagem. Portanto, *a priori* desvalorizada, a palavra de Desdêmona vale muito menos do que a de Iago. Além disso, seus argumentos são silenciados, as provas fabricadas contra ela são incontestáveis e não há defesa ou apoio da família, dos amigos, da corte e muito menos de um marido cuja honra está ameaçada e cuja virilidade é colocada em competição.

É oportuno fazer brevemente uma menção ao feminismo, inexistente quando "Otelo" foi escrita. É tanto anacrônico quanto ingênuo o ataque, seja ao autor ou à peça, por estes ilustrarem os terríveis tratamentos dados às mulheres na narrativa. Mas, se fizermos o caminho inverso e, a partir dos vários conceitos de feminismo desenvolvidos, particularmente no início e metade do século XX, propusermos que uma peça como "Otelo" ilumine e enriqueça consideravelmente a discussão em torno da misoginia e violência contra a mulher, aí sairemos do debate com mais argumentos. Tópicos como *mansplaining*,* sexismo e feminicídio poderiam ser abordados a partir da peça. Se há algo pelo qual Desdêmona passa repetidas vezes é sua diminuição. Seu senso crítico, suas opiniões e até mesmo seus desejos são constantemente ignorados e subestimados.

Por meio de outra personagem, Emília, é possível ilustrar a relação de oposição frequentemente imposta às mulheres. Emília representa suposta vulgaridade, a expressão clara do interesse sexual como jogo e diversão. Por sua vez, Desdêmona é espremida na categoria de casta. Nessa oposição, o que se evidenciam não são propriamente os comportamentos de Emília e Desdêmona, pois o que chama a atenção mesmo é a limitação dos homens que as cercam, uma vez que opinam e se comportam de forma superficial e

* Termo que vem de *"man"* (homem) e *"splaining"* (explicar), "explicação do homem", em tradução livre. Trata-se da tentativa de um homem elucidar algo a uma mulher, sem considerar que ela já o saiba – possivelmente até mais do que ele. (N. E.)

limitada. Cássio e Iago é que deveriam ser ridicularizados. De forma engenhosa, Shakespeare expõe o machismo, que ainda não era classificável, usando os próprios preconceitos nas relações com as mulheres, aqui destacadas como Emília e Desdêmona. Uma pura, outra vulgar. Uma limpa, outra suja. Uma santa, outra promíscua. O que de fato é exposto, através dos diálogos, é que as mulheres são humanas. "Otelo" não é, portanto, uma peça misógina e machista, mas sim um texto que pode servir para ilustrar o que hoje já classificamos e discutimos. Não há divina Desdêmona nem suja Emília: há mulheres.

Uma corrente de interpretação vê Desdêmona como mulher que flerta em excesso, com tendência ao adultério. Naturalmente, um julgamento unilateral, já que a questão nem mesmo se põe aos homens da peça. Em vez de pensá-la como modelo de contraste, passemos esse conflito aos personagens masculinos da peça. São eles a expressão do contraste através das opiniões tão limitadas sobre as mulheres. Ou seja, podemos nos atentar ao fato de que Shakespeare propõe um jogo de espelhos com elementos humanos, expondo, na verdade, quem constantemente expõe.

Além da ignorância masculina em observar e conviver com as personagens femininas sem levar em consideração a humanidade que elas carregam, podemos destacar outra característica complexa de Desdêmona. É ela quem sugere a Otelo que passem tempo juntos. Ela se interessa pelas histórias dele, flerta de forma inteligente, às vezes sutil, outras vezes direta. Tais aspectos são inflados e expostos através das diferentes opiniões que Cássio e Iago têm da mesma mulher. Um se refere a ela como uma santidade, já o outro faz referências sexuais e vulgares ("uma puta"), observações machistas que expõem apenas a visão reducionista de ambos: Desdêmona não é nem uma coisa nem outra, ao mesmo tempo que ela pode ser todas.

É interessante pensar os momentos de risco de Desdêmona, como quando ela mente sobre o lenço e se recusa a ver o mau comportamento de Otelo e seus ciúmes, disposta a aceitar a repressão da violência e agressividade do marido porque, cega de amor e inexperiência, não tem para onde ir, caso se rebele. Otelo, por sua vez, subestima Desdêmona, já que suas palavras são inúteis para apaziguar qualquer conflito. Otelo procura as palavras de Iago como verdade.

No início da peça, sua figura e seu posicionamento frágeis contrastam com sua eloquência diante do Senado e do pai, ao explicar seu amor por Otelo. No ato 5, cena 2, há intimidação, ameaças através de palavras de morte ou ofensas de Otelo, que, enlouquecido de ciúmes, faz Desdêmona se sentir culpada. Esta, por sua vez, mostra confusão diante da sua real inocência. Quando Otelo pergunta se ela fez suas orações antes de se deitar e ela diz que sim, ele pergunta se ela tem pecados que não confessou. A partir daí, ela demonstra sentir medo de Otelo, que passa, numa linha tênue, de marido a criminoso.

Num grande jogo, Shakespeare posiciona Iago como mediador e Desdêmona também o procura como conselheiro. Como o bobo* em Shakespeare, Iago, assim como a plateia, sabe de tudo o que se passa e observa o destino de Desdêmona e Otelo se desdobrar. Ao insistir no

* A figura do bobo é muitíssimo elaborada nas peças de Shakespeare. No teatro elizabetano, o bobo é um comediante, ele distrai e improvisa. Esse improviso requer sagacidade e inteligência. Em Shakespeare, o bobo representa o marginal, causa repulsa e tem uma perspicácia única. O bobo é, também, a única figura que transita nas esferas sociais – ele é pobre, mas ouve tudo o que se passa dentro de palácios e castelos.

desejo por Otelo, Desdêmona pede à Emília que prepare os lençóis de núpcias para aquela noite. A ironia do pedido e da cena é quando Desdêmona se posiciona na cama, esperando por uma reconciliação e, naquela mesma cama, será asfixiada com um travesseiro pelo marido, em quem ela investe tanto desejo e tempo.

Shakespeare mostra uma mulher apreciada por sua virtude, honestidade, ingenuidade. E são exatamente esses elementos que fazem dela a personagem mais vulnerável e em risco, como se tais virtudes não valessem nada diante de uma sociedade desconfiada, cruel e manipuladora. Há uma similaridade com Cordélia, já que as qualidades pautadas na bondade têm completa inutilidade nesse contexto. Desdêmona talvez não seja a personagem mais forte criada por Shakespeare, mas sem dúvida apresenta inquestionável tridimensionalidade e uma profundidade exaltada em contraposição a outras personagens, sobretudo as masculinas.

{ ATO IV }
TERRA

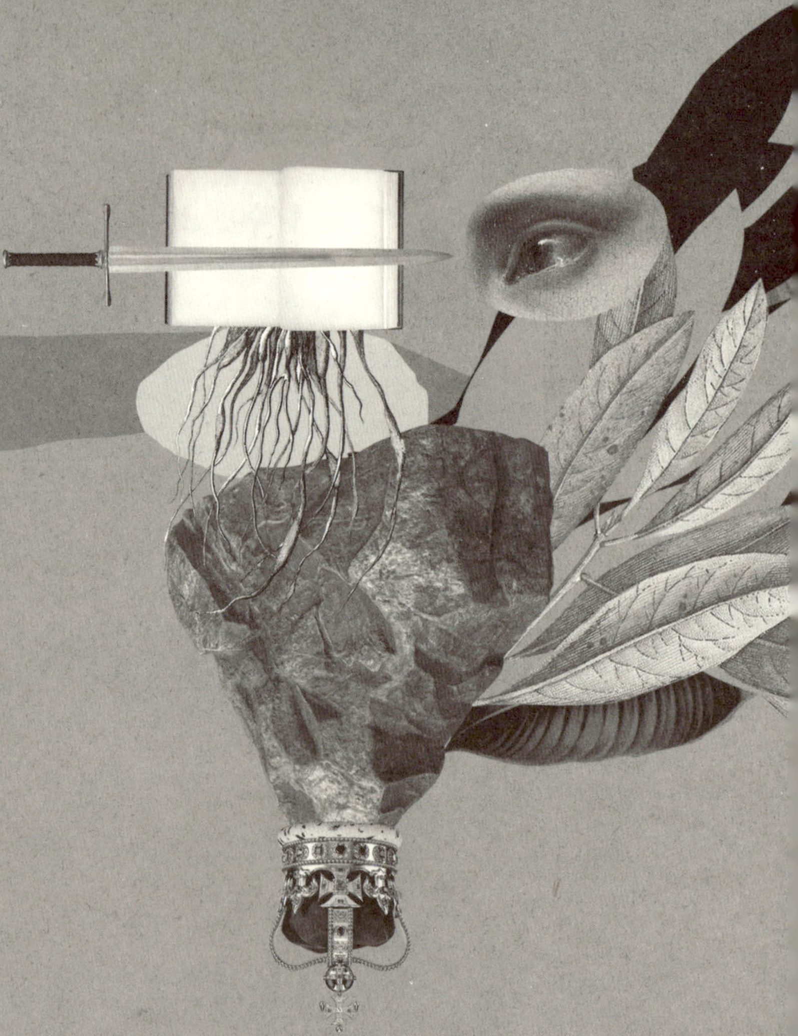

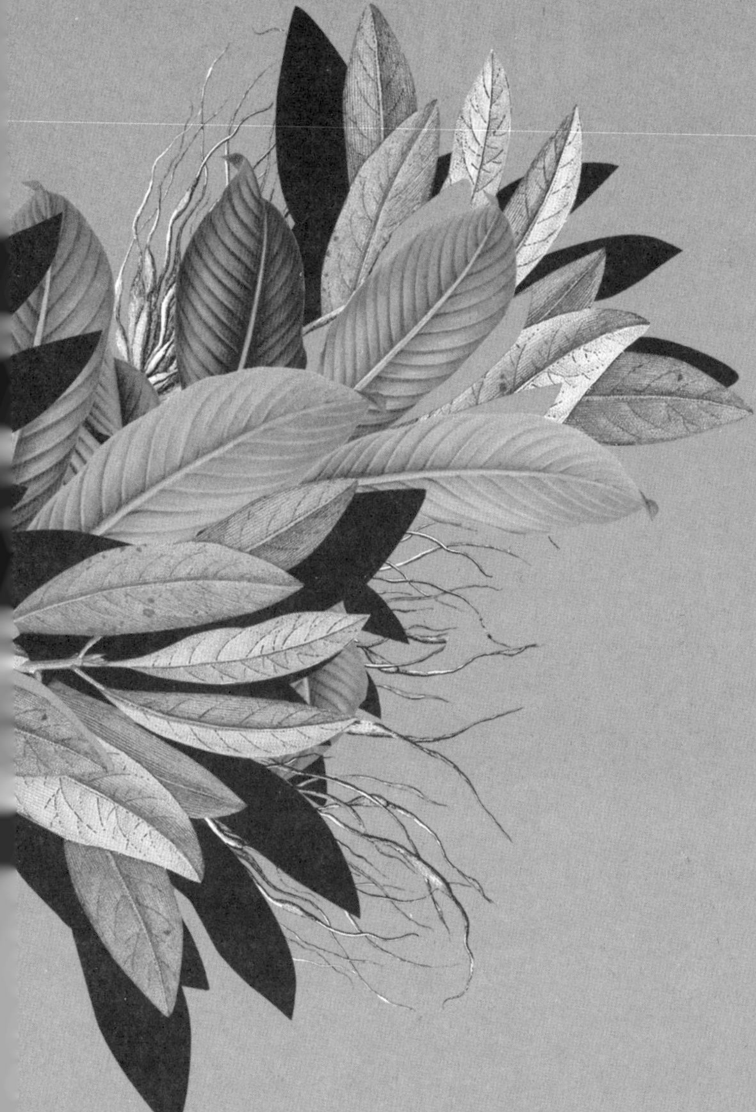

S

SYCORAX
e as
BRUXAS

MACBETH E A TEMPESTADE,
1606 E 1610

O que pode ser mais amedrontador do que o incompreensível? Talvez o incompreensível, atrelado ao invisível que carrega um nome, seja insuportável para a manutenção da racionalidade.

Quando Próspero invade a nova terra, Sycorax está morta, mas paira. Ela está naquilo que não se vê. Como Deus, ela é onipresente e vive exatamente naquilo que Próspero quis destruir. E, de acordo com a ideia de Deus para Próspero, ela pune. Aqui, a justificativa para unir Sycorax e as três bruxas está ligada ao aspecto sobrenatural que elas representam.

No texto original de "Macbeth", Shakespeare se refere a essas três criaturas como as três irmãs estranhas (*The Three Wayward Sisters*), e Sycorax, em "A tempestade", é uma personagem invisível. É um espírito que pesa em Próspero pela consciência culpada de seu gesto colonizador, ao clamar para si o território de outrem.

Diferentemente de outras peças que falam da monarquia, "Macbeth" não é uma peça histórica, como "Ricardo III" ou "Henrique VI". "Macbeth" foi encomendada pelo rei James I, da Inglaterra, ou James VI, da Escócia. Por se tratar de uma peça feita supostamente para agradar ao monarca, Shakespeare insere a entidade das três bruxas e segue de forma bastante aproximada os conceitos e pesquisas feitas pelo próprio rei James VI em *Demonologie*, livro que escreveu e publicou em 1597. Felizmente, a edição teve apenas uma tiragem original e hoje integra o acervo da Biblioteca Britânica. A reprodução do livro, que é facilmente encontrada, aborda o chamado mistério feminino como pretexto para perseguição, preconceito, diminuição e violência.

O rei padecia de transtornos mentais, relatava perseguição e frequentes aparições de bruxas. Paranoico, James temia ser assassinado de forma violenta e brutal. Vivia tanto nesse estado obsessivo que, em 1590, sete anos antes da publicação de seu livro, trezentas mulheres escocesas foram acusadas de bruxaria e de planejar a morte do rei. Julgadas, foram todas queimadas, enforcadas e tiveram as cabeças cortadas. É impossível não associar o contexto e a motivação de James para criar *Demonologie* ao domínio masculino e suas consequências. O rei sabia ler e escrever, ao contrário das trezentas mulheres violentamente assassinadas, que não tiveram acesso a qualquer tipo de educação formal. Isso resultou não apenas na total ausência de oportunidades para que essas mulheres pudessem se defender, mas também na disseminação e aceitação generalizada da ideia do feminino como algo misterioso, sobrenatural e intimidante, o que leva à crença de que precisa ser subjugado, sendo os homens os responsáveis por exercerem esse controle.

James foi um dos grandes investidores nos julgamentos de Berwick, que resultaram no assassinato de mulheres. Esses episódios em Berwick, um minúsculo vilarejo na costa escocesa, foram derivados da misoginia e crueldade do rei, sobretudo em relação a mulheres que detinham conhecimentos que faltavam à maioria dos homens: mulheres parteiras, mulheres que entendiam de ervas e faziam remédios e misturas caseiras, mulheres pobres e, portanto, mais vulneráveis. Não por coincidência, James é o monarca a quem é atribuída a tradução da Bíblia ao inglês. Anglicano e casado com uma católica, o rei acreditava que o cristianismo era uma das únicas formas de salvação para a bruxaria. A outra era a morte.

Essa colonização religiosa e cultural é reconhecível em "A tempestade". É exatamente o que Próspero e Ariel tentam fazer com Calibã. Sycorax é a personagem que não pode ser colonizada e é, portanto, a mais temida por essa autonomia. Ela flutua como um espírito, uma atmosfera, um peso na floresta e na ilha.

Essas personagens representam precisamente a ameaça do desconhecido, levando insegurança e ansiedade a quem quer saber seu futuro, mas teme a própria sorte, teme o oráculo. Por isso o pavor de Macbeth quando encontra essas três criaturas. A ignorância dos homens em relação ao conhecimento dessas mulheres, aliás, provoca uma reflexão sobre o livro do rei: o quanto a ignorância do monarca em relação a um determinado assunto fez com que ele se engajasse em combatê-lo. Para um rei ambicioso, acostumado a lutar em batalhas, o sobrenatural é um inimigo oculto sem rosto. O que não se pode ver, torna-se uma ameaça para além dos seus poderes.

Curiosamente, a hesitação de Macbeth, o medo do rei James e o incômodo de Próspero são formas de reconhecer o futuro como um mistério. É impossível ignorar o que provoca medo, por isso levam a profecia tão a sério.

*O inferno está vazio e
todos os demônios estão aqui.*
"A tempestade",
Ariel – ato 1, cena 2

Na figura das três bruxas há uma clara referência ao mito de Hécate na sua representação tríplice com a tocha, a corda e a faca. Também é interessante considerar uma referência às moiras, as três irmãs na mitologia grega, ou parcas, na romana. Poderosas e temidas, elas traçavam, costuravam e cortavam o destino de homens e deuses. Uma característica dessas três entidades é a representação delas como presente, passado e futuro. As moiras ou parcas são representadas como seres que têm apenas um olho. Este é repassado à entidade seguinte depois de usado pela anterior com o objetivo de não misturar as visões, os pontos de vista. O que cada uma vê é o conjunto de uma coisa só, ou a vida completa de cada um de nós. Assim, com o mesmo olho, cada uma tece o destino de cada homem até o corte final. Nas representações pictóricas, uma delas – a que representa o final – segura uma tesoura, uma foice, uma faca ou um objeto cortante para romper o fio da vida. Moiras e parcas apresentam um senso de continuidade entre si, de trindade, mas de finitude cíclica para os humanos. Tal cumplicidade entre as três bruxas de Macbeth pode ser compreendida através da conversa que elas têm na chegada de Banquo e Macbeth, ao retornarem vitoriosos da guerra.

PRIMEIRA BRUXA – Salve!
SEGUNDA BRUXA – Salve!
TERCEIRA BRUXA – Salve!
PRIMEIRA BRUXA – Menor do que Macbeth, porém maior!

SEGUNDA BRUXA — *Não tão feliz, mas muito mais feliz!*

TERCEIRA BRUXA — *Gerarás reis, embora rei não sejas! Assim, viva Macbeth e viva Banquo!*

Sem contestar, cada bruxa tece a fala da outra, como se sequenciassem o pensamento já iniciado e, no final, tudo fizesse sentido ou o mistério fosse apresentado, como é o caso da profecia de Macbeth.

Durante o período renascentista, representações das moiras e parcas traziam uma releitura do trio por meio de traços considerados agradáveis para a estética europeia. Ficaram conhecidas como as cáritas ou três graças e simbolizavam elementos como a beleza, a fertilidade, a criatividade e a natureza.

Nessa mesma abordagem de oráculo e profecia, as três bruxas simbolizam os três destinos; ou seja, elas são o que nós somos. Elas sugerem, contam futuros, são clarividentes, embora suas previsões só atinjam os que acreditam nelas e, por isso, elas existam como essa espécie de escolha — o que fundamenta o uso das três irmãs como vilãs. Há interpretações que sugerem que as três sejam as culpadas pelo destino de Macbeth. Eram bruxas, afinal de contas, eram más, simbolizavam o demoníaco. Foram elas que avisaram Macbeth que ele seria rei. Se não comunicassem, não teriam acordado dentro dele toda a ambição e o desejo de se tornar monarca. Ao entrar no mundo obscuro e medonho dessas criaturas, é como se Macbeth aceitasse a existência do mal e encontrasse validação e justificativa nas bruxas para os próprios sentimentos obscuros e os próprios erros.

Há, contudo, interpretações alternativas sobre esse simbólico envolvendo Macbeth e as bruxas – uma rejeição de seu papel catalisador no destino de Macbeth. Afinal, as coisas têm o valor que damos a elas. Essa é uma ideia de escolha, mas uma escolha falsa. Para ilustrar o argumento, eis o que dizem as bruxas:

Quando nos encontraremos de novo?
Sob trovões, relâmpagos ou chuva?

Nessa passagem, elas debatem sobre em que condição climática se encontrarão novamente. Mas é raro ter relâmpago sem trovão e sem chuva. Portanto, trata-se de uma escolha aparente. Da mesma forma é a escolha que Macbeth imagina ter. Até que justifica todos os crimes que ele mesmo comete no destino traçado; ou seja, nas falsas escolhas por causa da profecia.

Quem são essas criaturas tão mirradas
e de vestes selvagens, que habitantes não
parecem da terra e, entretanto, nela se movem?
Acaso tendes vida? Sois algo a que perguntas
dirijamos? Pareceis compreender-me,
pois há um tempo levais os dedos ósseos a
esses lábios encarquilhados, quase vos tomara
por mulheres; no entanto, vossas barbas não
me permitem dar-vos esse nome.
"Macbeth", Banquo – ato 1, cena 3

Sycorax é o espírito que habitava a ilha antes da chegada de Próspero e de sua filha Miranda. Ela também é a mãe de Calibã, habitante nativo que será escravizado e humilhado por Próspero. A denominação apressada de Sycorax como "bruxa", em várias interpretações, expõe a questão problemática da diminuição de algo grande e expressivo, através de categorizações simplistas e pejorativas. O espírito da floresta, a ideia do selvagem, a imprevisibilidade do desconhecido e a natureza, enfim, passam a ser combatidos como ameaças e dominados. Quando, muito provavelmente, a ameaça, tanto de extinção quanto de injúria, faz o caminho inverso. Ou seja, quem enquadra o outro como mau é quem, geralmente, está familiarizado com o conceito e a prática da maldade, como sugere Montaigne.

Sycorax não aparece na peça, mas sua força espiritual e mística permanece na ilha. Miranda é a única personagem feminina que toma o palco e atua nas cenas. Ela talvez represente o ideal de mulher com características brandas, gentis, previsíveis e controláveis. Sycorax está morta. Ao pensarmos a personagem como o oposto de Miranda, como uma força a ser evitada, que é amedrontadora, inexplicável e imprevisível, Shakespeare nos aponta na direção do domínio masculino, que visa a ausência, sacrifício e morte da força feminina. Assim como as três bruxas de Macbeth — temidas porque são incompreensíveis —, Sycorax também reflete a inabilidade em relação a saberes e crenças não compartilhados ou reconhecidos; isto é, alternativos às ciências oficiais.

Assim como James, Shakespeare sugere que o extermínio de uma personagem de imenso poder recaia em Próspero como um peso morto, difícil de carregar, ou do qual se torna impossível se livrar. Nas tragédias, é frequente observar a remoção física do corpo feminino como parte dos sacrifícios. Contudo, a culpa persiste, assim como o espírito que perdura na natureza. Isso se mantém como memória, crença, medo, ameaça ou peso.

É plausível a ideia de que Shakespeare tenha sido influenciado pela escrita de Montaigne, particularmente em *Dos canibais*. "A tempestade" pode ser lida como uma peça que investe crítica e ironia na relação entre a Europa e o Novo Mundo, pois, apesar de os povos originários das Américas serem retratados como adeptos do canibalismo, estes não apresentavam traços de corrupção, hipocrisia e violência típicos dos europeus. Entretanto, esses povos seriam vistos como de fácil colonização, o que expõe ainda mais a crueldade, a ganância e as outras formas de canibalismo dos invasores "civilizados".

Quando confirma que tentou estuprar Miranda, em vez de mostrar remorso, Calibã diz ter desejado terminar o ato, já que isso teria feito dele um homem como os que estão na ilha; ou seja, os invasores. Essa crítica à colonização é uma das mais acertadas possibilidades de interpretar "A tempestade".

Sycorax, a invisível mãe do "monstro" Calibã, será incorruptível – a alma, a essência originária, a natureza indestrutível. A presença xamânica de Sycorax é um desafio para a compreensão colonizadora e eurocentrada de Próspero, ainda que este se apresente como um mago possuidor de uma imensa biblioteca.

Talvez um modo de interpretação dessas personagens, que à primeira vista parecem não existir e ainda assim evocam terror devido às ameaças que residem sob seus mantos sobrenaturais e inexplicáveis, seja concebê-las como a própria essência do feminino. Representam tudo aquilo que é subestimado, mas que não pode ser simplesmente negligenciado. Carregamos, afinal, a própria essência da vida. Uma existência cujo fio condutor é como a raiz entrelaçada com a própria natureza, com a própria terra.

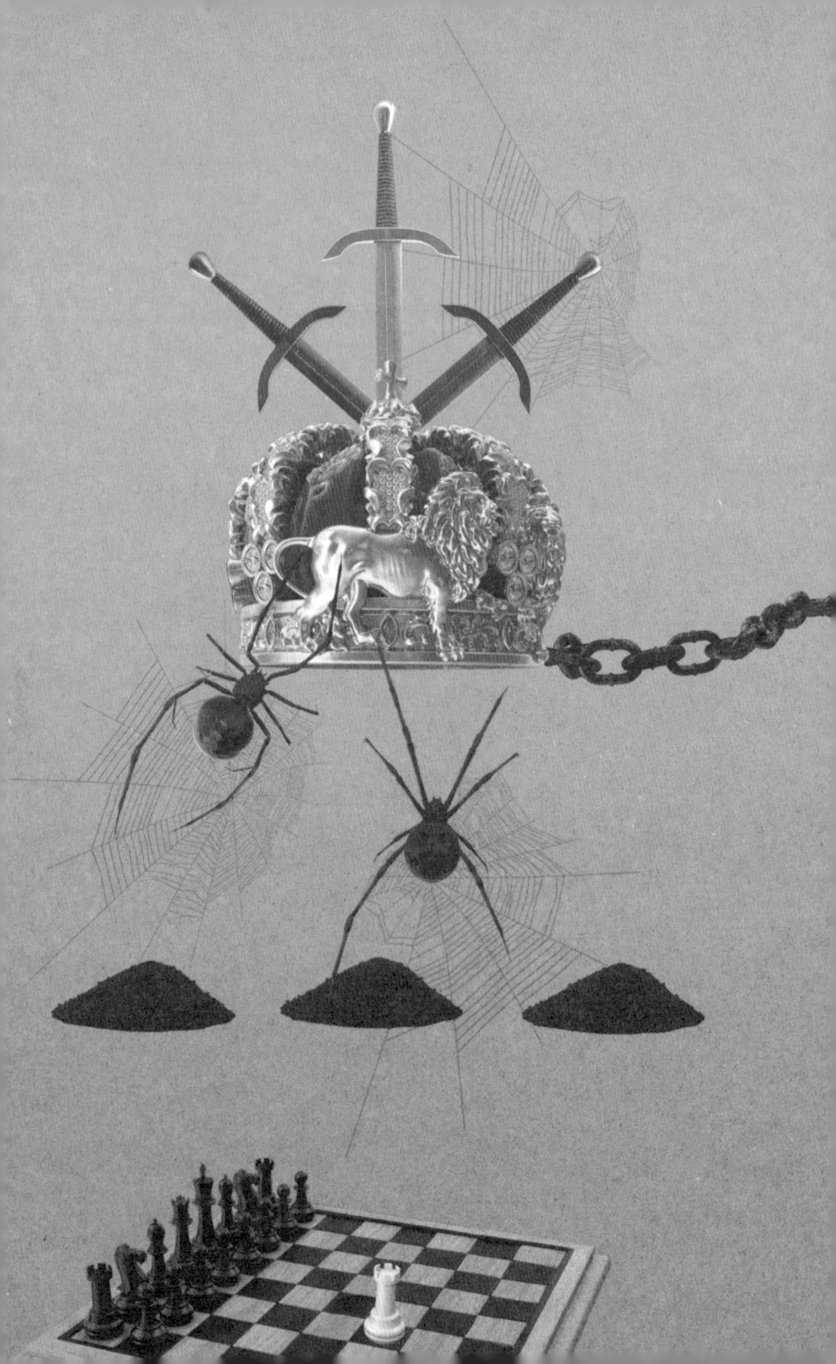

C

CORDÉLIA, GONERIL E REGAN

REI LEAR, 1605

"Rei Lear" é uma tragédia que começa com o conflito que será a semente para todo o desenrolar da peça. Sob essa perspectiva, podemos pensar que "Rei Lear" abre já em seu ápice, sendo magnífica do primeiro ao último ato.

No ato 1, somos apresentados a uma clara divisão entre o bem e o mal. Cordélia, Edgar e Kent são o bom senso, a temperança, a ponderação. Do outro lado, os vilões já estão estabelecidos: Goneril, Regan e Edmundo. Esse antagonismo posto em cena passa a se desdobrar em complexidades a partir de uma personagem que destoa por desafiar o seu próprio papel. Cordélia é essa personagem-chave, que, desde o início da peça, revela traços tão impassíveis que suas reflexões, conflitos morais e questionamentos emergem com destaque.

A partir de uma reunião que discutirá a herança e a partilha dos seus bens, Lear – que não é apenas um rei, mas um velho, o que sugere amadurecimento e sabedoria – é o motor do conflito central. Movido pelo desejo de aliviar o peso das responsabilidades, ele decide dividir seu reino em três partes. Promovendo uma espécie de competição entre as filhas, ele convida cada uma a um jogo de bajulação, para que provem quem tem por ele o maior amor. A tolice de Lear é, então, exposta. A proposta desse homem, o rei, é presentear com mais terras a filha que o convencer de maior amor.

Sua expectativa é de que Cordélia, a mais nova e bondosa, sua preferida, seja a filha que discursará de forma mais doce e lisonjeira, e venha a ganhar a disputa. É nesse momento que, a partir do questionamento da competição e da bajulação como prova de amor, Cordélia sai do fundo do cenário e toma seu papel de destaque. Com inabalável integridade ao se negar a mentir, exacerbar ou florear sentimentos que, para ela, são contrários à manipulação, Cordélia semeia a fúria de Lear e abre espaço para que as irmãs, adeptas ao jogo proposto, consigam, sem obstáculos, o que querem. Goneril e Regan são bajuladoras e não há qualquer surpresa em sua entrada no jogo de confetes lançados ao pai. A filha caçula contrapõe-se aos planos do pai por se recusar a participar do jogo de adulação. Enfurecido, Lear briga com o duque de Kent, amigo de longa data, que tenta intervir e protesta contra a tolice de tal competição. Em poucos minutos de peça, Lear se opõe às duas pessoas que mais têm apreço por ele: Cordélia e Kent – este, inclusive, irá se disfarçar de outra pessoa, Caio, para cuidar de Lear quando ele ficar desabrigado e desamparado.

Para escapar do castigo do pai, Cordélia aceita se casar com o rei da França. Há uma fala de Lear na qual, irritado com Cordélia, demanda ao monarca que leve a filha embora e faça proveito de seu preço desvalorizado. O rei da França protesta e diz que a leva não por seus dotes, mas por sua integridade e caráter.

Ainda no ato 1, Goneril e Regan traçam um plano para se desfazer do próprio pai. Sem reconhecer a maldade das duas filhas, Lear decide passar metade do seu tempo com Goneril e a outra metade com

Regan. Eis que acontece o primeiro problema: Goneril exige que o pai lhe dê um número grande dos seus guardas; o rei perde a paciência e, sem qualquer jogo de cintura ou diplomacia, briga com Goneril e se dirige à casa de Regan, que também está coberta de más intenções.

> *Tão jovem e tão insolente.*
> "Rei Lear", Rei Lear sobre Cordélia –
> ato 1, cena 2

O ato de Cordélia é fundamentado em bravura, mas também em risco. Na condição de mulher, ela não é dona das suas palavras. Como as irmãs, Goneril e Regan, o que se espera de Cordélia é um mínimo de juízo, mesmo que seja desonesto. Afinal, se não se resigna como filha, terá que se submeter ao papel de esposa quando tiver idade para sair de casa e precisar de comida e teto. Se pensarmos em coragem, podemos agrupar Cordélia e Julieta, que se apossa da paixão por um estranho, inimigo da própria família, como subterfúgio para romper laços e expressar sua infelicidade em se conformar com o planejado.

A relação de poder entre provedor e subalterno, no caso homem e mulher, respectivamente, foi por tempo demais normalizada. Quanto da maternidade não deve ter existido como resultado de uma negociação indizível, silenciosa e onde o par sabe não só o lugar que ocupa, mas também quais tarefas deve executar para a manutenção adequada de uma instituição matrimonial? Colocar-se no seu lugar significou, para a mulher, entregar seu corpo como moeda de troca tendo como retorno um teto todo seu, embora, oficialmente, nunca tivesse seu nome reconhecido como proprietária. É possível que, na literatura clássica, um número mais reduzido de mulheres tenha tentado quebrar as correntes viciosas desse círculo impondo-se contra a figura do pai antes de conviverem com os respectivos maridos, como fez Cordélia.

Como viveria Cordélia se Lear não a tivesse expulsado do reino e ela precisasse viver sob a humilhação de ter exposto a autoridade do pai a familiares e conselheiros?

Para essas hipóteses a resposta se aproxima e, em qualquer uma delas, tanto Cordélia quanto as irmãs precisariam se adaptar e se curvar diante das demandas dos homens, quaisquer que fossem. A liberdade tem um preço tão caro que não vale a tentativa. O que fizeram Cordélia e Julieta tem tamanha consequência trágica que seria desaconselhável, ainda que perante o desespero. Como com Julieta, faço uso do recurso de associação de Cordélia à Antígona. Diferentemente de Julieta, que se destaca pela desobediência a regras e determinações políticas e convencionais, Cordélia mergulha no mito de Antígona sob o ponto de vista do conflito familiar. Como na tragédia de Sófocles, em que Édipo, pai de Antígona, vê sua saúde comprometida, Lear também se despedaça física e mentalmente à medida que a narrativa avança. Em comum, ambas as peças têm nas caçulas de Édipo e Rei Lear, Antígona e Cordélia, respectivamente, uma lealdade incorruptível – não abandonam os pais, sobretudo quando estes perdem poder e prestígio.

No tocante à emancipação de Goneril e Regan, não é surpreendente que sejam traçadas e limitadas como vilãs. As duas filhas mais velhas de Lear têm ambições e aceitam jogar o que lhes propõe o pai. Seriam mulheres de negócios com apurada capacidade estratégica e de planejamento. Estariam erradas? À luz da narrativa, são destemidas, ambiciosas, sanguinárias. É de Goneril uma das frases mais chocantes da peça: *Retirem dele os seus olhos*, quando demanda a um soldado que cegue Gloucester, amigo fiel de Lear, que ousa questionar as ações das irmãs. O desconforto diante das atitudes das irmãs só ocorre por serem mulheres. Nada do que fazem é estranho aos homens. As duas irmãs se destacam por serem exceções e destoarem do papel feminino. Mandam, desmandam, planejam, traem maridos, pai e as próprias irmãs. São praticamente homens.

A sexualidade de Goneril e Regan é outro aspecto que se destaca e que é omitido de Cordélia. A filha mais nova, pura, decente e doce não tem qualquer referência mundana. As outras irmãs, sim. O próprio Lear se refere a elas fazendo uma associação aos nomes. Uma, soberba demais. A outra, tão vil quanto a doença que lembra o próprio nome: gonorreia. Marido de Goneril, Albany descobre a manipulação da mulher e percebe o interesse dela em Edmundo. Goneril passa, então, a desejar a morte de Albany e se ver livre para casar com Edmundo, também desejado por Regan.

Ao reexaminar a narrativa de Lear e ponderar sobre quem merece ou não nossa empatia, se considerássemos uma audiência na sociedade patriarcal dos séculos XVI e XVII, poderíamos ter interpretado os atos de Cordélia como imaturos e os de Goneril e Regan como cruéis e repugnantes. Contudo, nos dias atuais, talvez seja possível analisar a vaidade de Lear e também contemplar suas filhas mais velhas de maneira menos desfavorável do que em 1600.

Ainda sob uma perspectiva mais empática em relação às irmãs mais velhas, a lacuna deixada pela falta da mãe, já que não há qualquer figura materna na peça, torna as personagens femininas de "Rei Lear" duras e secas, uma metáfora não gratuita à finitude da ascendência. Além de crescerem sozinhas, Goneril e Regan ficam expostas à própria sorte, sem qualquer referência de amor e cuidado que, de fato, desconhecem. Portanto, o próprio Lear as liberta de qualquer dívida, já que ele mesmo não exerceu o cuidado que procura e clama. Boas alunas que foram, Goneril e Regan aprenderam com o pai o desenlace, a desconexão.

Por contraste, Cordélia se destaca com uma bondade rara. Sua honestidade e integridade destoam.

Entretanto, há um elemento em comum entre as três irmãs. A tentativa de se libertar da figura de poder do patriarcado. A oportunidade de fuga de Cordélia e de emancipação financeira de Gonoril e Regan faz de todas elas potências de inconformismo. Nenhuma tem um final feliz – praticamente ninguém sobrevive à violência em "Rei Lear". Ainda assim, são três personagens femininas que formam uma aliança inusitada. Através do laço familiar se diferem e se destacam, cada uma com seus interesses, seja pela ambição ao poder, seja pela recusa dessa mesma ambição.

Talvez tenhamos três, e não apenas uma personagem com honestidade. Senão aos outros, ao menos a si mesmas.

{ ATO V }

AR

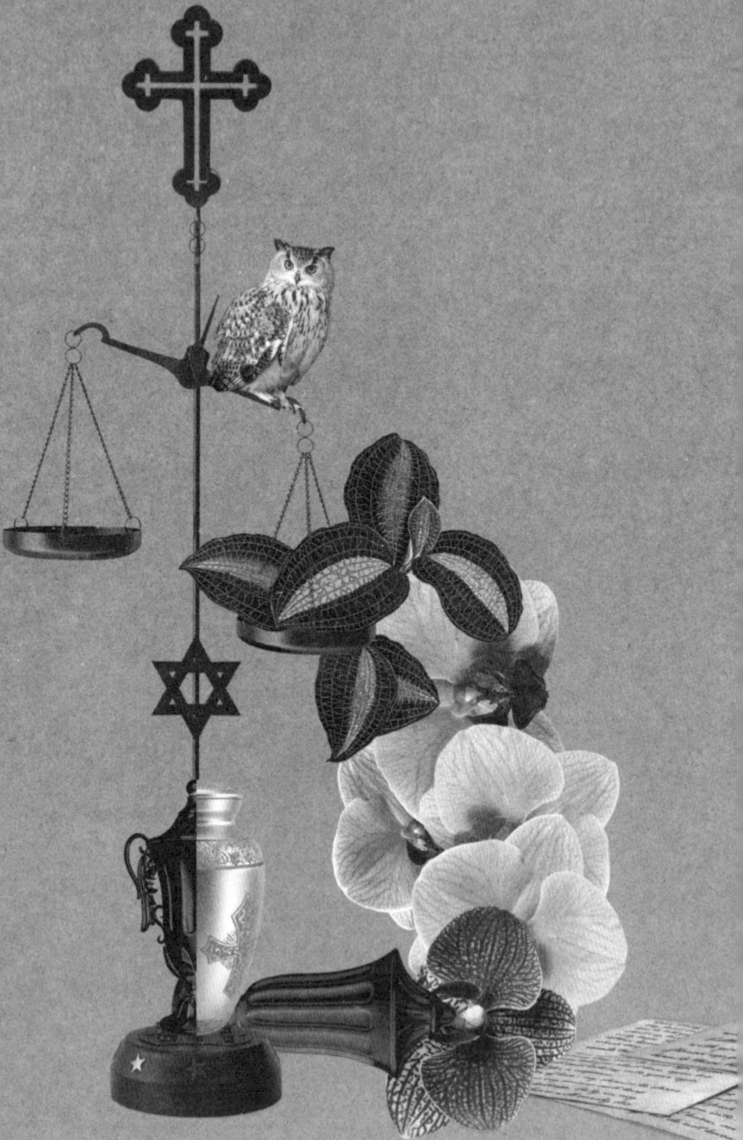

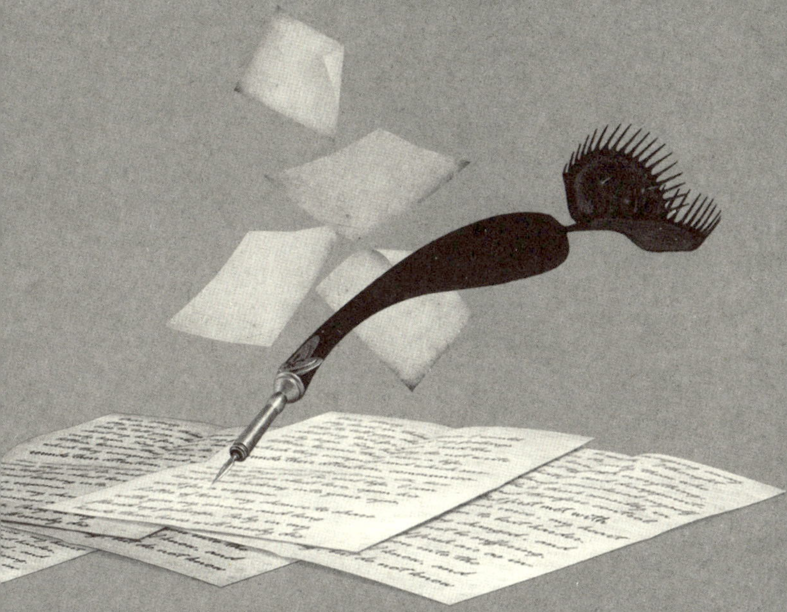

P

PORTIA

O MERCADOR DE VENEZA,
1596

Melancolia e suspense ditam esta peça. "O mercador de Veneza" não se enquadra em categorias – não é uma comédia, tampouco uma tragédia. Em *Shakespeare: a invenção do humano*, Harold Bloom observa que é preciso ser cego, surdo ou estúpido para não compreender "O mercador de Veneza" como comédia. Abraço, então, minha limitada visão e falta de sensibilidade ao dizer que, na minha leitura, esta é uma peça que, embora traga traços da comédia shakespeariana, não se encerra em elementos cômicos ou trágicos claramente marcados. Talvez o drama de Shylock, a humilhação à qual é submetido por sua condição de estrangeiro, ou talvez Portia e sua ambivalência de alguém que morde e assopra, tão segura dos privilégios que a circundam, me remetam mais à melancolia que à comicidade. Quem sabe "O mercador de Veneza" seja, então, uma comédia triste ou cruel? Ou, ainda, um drama tão próximo do humano que não dá margem a uma classificação tão precisa?

Além de traços cômicos, o texto apresenta elementos profundamente reflexivos no que diz respeito à natureza humana. Considerada uma das peças mais polêmicas de Shakespeare, pelo teor antissemita, "O mercador de Veneza" problematiza em caráter atemporal a questão do (não)pertencimento do imigrante. Nesse aspecto, Portia é uma das personagens shakespearianas mais contraditórias. Diante de Shylock e seu drama no desfecho da peça, Portia deixa de ser a jovem plácida e pacífica para, disfarçada de homem, manipular a corte e fazer justiça como lhe convém. Seu discurso sobre compaixão, uma das falas mais fortes e impactantes, é, para efeito da defesa de Antônio, endereçado a Shylock. Apesar de pouco comentado, esse aspecto ambivalente de Portia é crucial para compreender os enredamentos da sua personalidade e o impacto da sua presença na narrativa. A forma com a qual Portia luta para salvar Antônio, melhor amigo de Bassânio, seu amor, atacando com crueldade sutil Shylock, é um espetáculo de manipulação de palavras. Afinal, é possível identificar essa oscilação de caráter do início ao último ato.

O texto lida, primordialmente, com a ganância, a justiça e suas falhas, mas também com nossa confiança no seu emprego e processo. Pela natureza subjetiva da justiça – embora as leis ofereçam o terreno comum que nos falta quando precisamos –, esta peça mostra os dois lados da mesma moeda. Os personagens ilustram ponderação e equilíbrio diante das falhas e equívocos no desenvolvimento temático.

Dotada de intensa beleza, Portia é uma personagem identificada, inicialmente, pelo equilíbrio, senso de justiça, harmonia e inteligência, mas não satisfaz pensarmos em uma personagem tão reduzida e com características tão incontestáveis. Numa trama rica, leitores e plateia se envolvem com questões éticas e morais e, gradualmente, Portia precisa se revelar com mais profundidade à medida que se relaciona não apenas com as outras personagens, mas com a narrativa em si.

Quando o falecido pai de Portia deixa as três urnas misteriosas com o enigma para os pretendentes da filha, ela passa a estudar e a entender as características de cada um dos homens que a procuram, o que, inclusive, estimula seu poder de observação e astúcia, além de influência, que ela usará quando Bassânio, seu pretendente favorito, estiver prestes a escolher a urna errada. Podemos debater se Portia, sutilmente, deixa pistas a ele através da linguagem corporal. Perspicaz, ela entende que a urna correta a ser escolhida não é a de ouro, tampouco a feita de prata, mas sim a de chumbo, que carrega a simbologia da falta de ganância.

Portia sabe quando encontra um mau candidato. E são vários candidatos errados para a bela herdeira. Nesse show de calouros, Shakespeare propõe um desfile de estereótipos de nacionalidades, o que, para alguns, pode ser tão divertido quanto ultrajante, para não dizer incômodo. Ainda que se apresente como virtuosa, perspicaz e doce, Portia é a personagem que mais confunde pela inconstância de valores. Ao mesmo tempo que se mostra sagaz e divertida, ela faz comentários racistas. Para nós, leitores de hoje, é complicado não destacar esses pontos problemáticos da personagem. Portia poderia ser descrita como um modelo máximo do privilégio: bonita, rica, branca, sem deficiências e inteligente. Além das vantagens elencadas, mal-acostumada com a situação e *status* que ocupa, Portia se habituou a elas, o que a torna, por vezes, inconsequente e venenosa. Seu discurso mais conhecido sobre compaixão, um dos mais potentes da peça, fortalece a contradição da personagem. Logo depois, ela ataca Shylock de forma dura e vê uma suposta falha no acordo que salva Antônio da morte.

Toda a atenção é proporcionada a ela, é para ela o desejo de todos os pretendentes da região. Bassânio a compara a Medeia, com seus cachos de ouro. Como se fosse Jasão, com suas tarefas impossíveis de serem executadas para que se case com Medeia, Bassânio precisa também cumprir a improvável tarefa de acertar a urna certa deixada pelo pai de Portia para, então, merecer o prêmio máximo: a herdeira. Diante da impossibilidade de executar a tarefa, tal como Medeia, Portia ajuda o pretendente a executar a função demandada em troca de casamento. Tanto Jasão e Medeia quanto Portia e Bassânio se casam.

Na referência de Portia como Medeia, Shakespeare nos apresenta a personagem como um ser especial, mitológico, uma semideusa. Esse elemento também destaca um aspecto em Portia: apesar de jovem e orfã, ela é rica, poderosa, influente. Essa posição de poder gera alguma desordem, uma vez que ela é mulher, mas é também a mais rica, a mais poderosa, a mais inteligente, inclusive se comparada aos homens que a cercam.

Seguindo essa linha contraditória de Portia, é ela o prêmio a ser levado no jogo das urnas. Ela é o objeto. Essa ideia tão comum na era elizabetana e jacobina, de a mulher ser moeda de troca, é acentuada pela castidade de Portia. Não só a mulher é mercadoria, mas sua castidade faz com que o valor seja muito mais alto nas negociações entre o dono presente (o pai) e o futuro dono (o marido). Entretanto, sua objetificação não é de todo um fardo, uma vez que ela manipula a consciência de saber seu valor em benefício próprio e para a manutenção do seu poder, colocando-se como uma vantagem de valor inestimável ao próprio marido, que, por sua vez, lhe deve gratidão. Essa é a indiscutível sagacidade de Portia: é ela quem transfere e atribui valor a quem em sua companhia está, nunca o oposto.

Ainda sobre o desarranjo dos papéis de gênero através de Portia, vemos o seu disfarce em roupas de masculinas. Talvez o único obstáculo para que a personagem se iguale ao realizar as tarefas executadas por homens seja sua condição feminina. Fora isso, nada há de diferente entre ela e os homens das leis, os mercadores, os agiotas, o júri. Portia é detentora da palavra, do discurso, mas não é homem, por isso não será ouvida. Para se fazer entender entre os homens, Portia se veste com trajes masculinos, igualando-se em oportunidade de voz e ação, mantendo, no entanto, sua superioridade – o plano é dela, e o segredo do disfarce, também.

A questão de gênero nas peças de Shakespeare se mantém como fonte de adaptação e debate. "Rei Lear" foi vivido por Kathryn Hunter, numa produção do The Globe Theatre em 2022. Se pensarmos que o dramaturgo escreveu entre os séculos XVI e XVII, há vários aspectos socioculturais a serem considerados, levando em conta que as criações de Shakespeare também pretendiam agradar reis, rainhas e aristocratas, ainda que os atacasse tantas vezes com ironia e sarcasmo. Mas é completamente plausível pensarmos no autor como um artista subversivo, inclusive pelos deslocamentos dos papéis de gênero. Usado em algumas peças, esse recurso ganha uma nuance em "O mercador de Veneza". Considerando que Portia é a personagem não só mais bonita e sedutora da peça, mas também a mais inteligente, e essas são características dadas a ela na condição de mulher, é interessante observar a delimitação do campo intelectual ao qual ela se submete quando, vestida de homem na corte, deve defender Antônio e desafiar Shylock. Como se, vestida de homem, ela se igualasse à pequenez e mesquinharia de todos os outros homens que ali estão. Como se, vestida de homem, Portia abandonasse seus melhores predicados e se adaptasse à vulgaridade e ganância dos seus, então, iguais, levando adiante preconceitos naturalizados por eles, como a polêmica questão do antissemitismo.

Em companhia de Nerissa, também com a identidade dissimulada, Portia é a responsável por levar o julgamento de Shylock a um caminho diferente do previsto. Quando Shylock, que é judeu numa sociedade cristã, cobra que o acordo com Antônio seja cumprido, Portia manipula a cláusula do contrato para salvar o amigo de Bassânio da morte. Até aí, Portia usa sua inteligência e poder de persuasão, além de propor uma interpretação nova ao acordo, que trata de um empréstimo pedido por Bassânio, através de Antônio. Bassânio deseja cortejar Portia, mas não pode financiar sua ida a Belmonte, onde mora a herdeira e pretendente. Antônio quer ajudá-lo, mas está sem fundos. Recorre, então, aos serviços de Shylock, que empresta o dinheiro com a seguinte condição: se a quantia não for paga por Antônio dentro de determinado prazo, o agiota poderá

Sou um judeu. Então, um judeu não possui olhos? Um judeu não possui mãos, órgãos, dimensões, sentidos, afeições e paixões? Não come a mesma comida, não é ferido pelas mesmas armas, exposto às mesmas doenças, curado pelos mesmos meios, sente calor e frio no mesmo verão e inverno que um cristão? Se nos picais, não sangramos? Se nos fazeis cócegas, não rimos? Se nos envenenais, não morremos? E se vós nos ultrajais, não nos vingaremos?

"O mercador de Veneza", Shylock –
ato 3, cena 1

---

retirar um pedaço da carne do devedor. Antônio concorda com o acordo e suas condições.

Quando, porém, Antônio se vê incapaz de pagar o que deve, Shylock demanda sua parte no contrato. Disposta a defender o amigo de Bassânio, Portia entra em cena disfarçada de Baltasar, um advogado a quem o juiz pede conselho sobre o veredito. Portia, em disfarce, sugere que Shylock só poderá ter um pedaço da carne de Antônio se nenhuma gota de sangue for derramada. Dessa forma, Shylock fica impossibilitado de ter o acordo cumprido e Antônio é salvo.

A complexidade da cena se acentua, uma vez que o que se segue é a completa humilhação de Shylock por Portia, Bassânio, Antônio e toda a sociedade cristã presente. Quando Shylock entrega seus bens, Antônio os recusa e pede que sejam poupados e garantidos a Jéssica, filha de Shylock, e Lorenzo, seu amigo. Antônio demanda, ainda, que Shylock se converta ao cristianismo. Destruído, Shylock sai de cena. A controvérsia dessa passagem é imensa. O cristianismo é colocado como a religião primeira, a única em valor a ser seguida. A intolerância flagrada nessa rede que envolve Portia, os juízes, Bassânio e Antônio expõe a fragilidade de Shylock em seu desejo de manter sua fé e sua identidade em terras dominadas por outra religião. A conivência dos cristãos ao ignorar a fé judaica é o que faz de Portia uma vilã cúmplice do tratamento privilegiado dado a Antônio e, em contrapartida, do tratamento desonroso transferido a Shylock.

É curioso pensar em "O mercador de Veneza" como uma peça que transita entre comédia e tragédia, mas não é nem uma nem outra, exatamente como Portia e sua ambivalência. Sua presença fundamentada em valores e julgamentos contraditórios, a consciência do próprio privilégio e a manipulação do poder para beneficiar quem pretende. Ela começa e termina no auge. Por meio da oposição entre Portia e Shylock, a narrativa ilustra que não há qualquer ameaça, nem diante da lei, ao alicerce das classes privilegiadas e suas práticas de favoritismos.

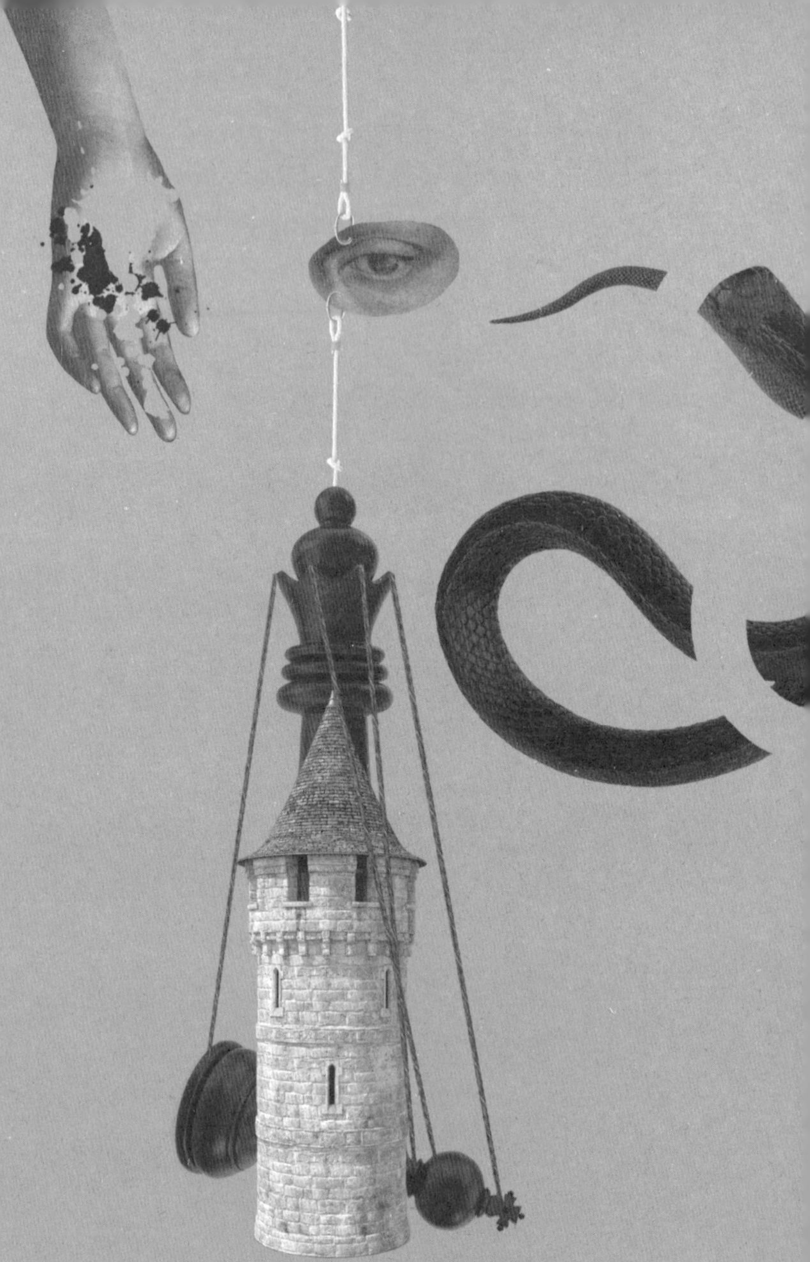

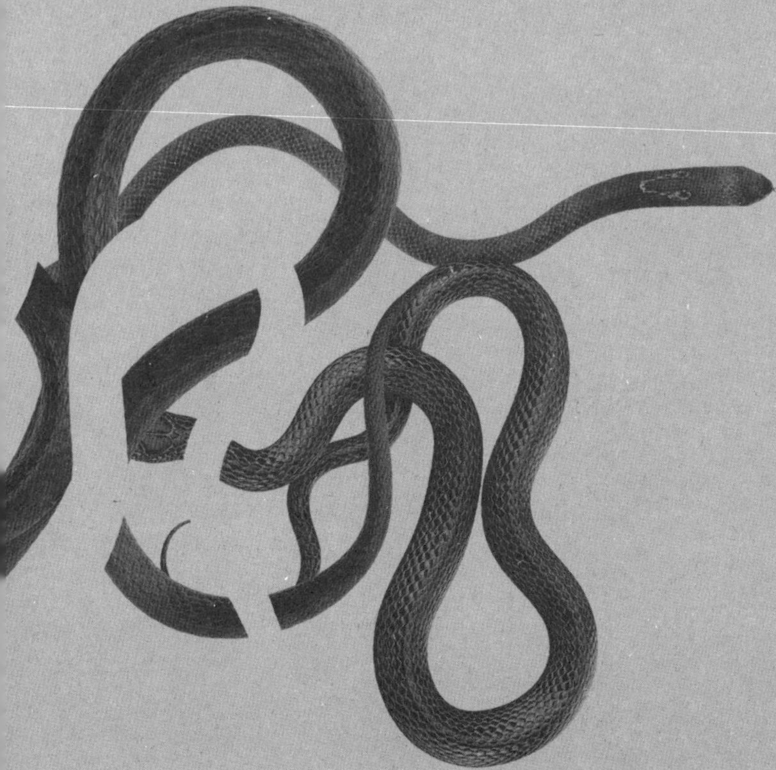
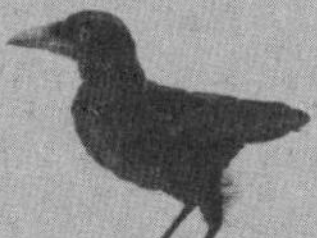

M

LADY MACBETH

MACBETH, 1606

Por volta de 1005, existiu na Escócia uma mulher, filha de príncipe, neta de rei, chamada Grouch Ingen da Escócia. Ela se casou com Gille Coemgáin e, fruto desse casamento, nasceu Lulach, que mais tarde se tornou rei da Escócia. O marido de Grouch morreu em 1032, quando a casa onde ele estava com mais cinquenta homens pegou fogo. Um dos suspeitos do crime estava de olho no trono escocês e sabia que Grouch seria a pessoa através da qual ele estaria mais perto de um reinado. Poucos anos depois, Grouch se casa com o tal suspeito, primo do marido, e este se torna, então, rei da Escócia. O nome deste homem? Macbeth.

O reinado de Macbeth dura dezessete anos até a sua morte, por volta de 1057. Não se tem registro de nenhum filho ou filha dos Macbeth. Quem sucede Macbeth é o filho de Lady Macbeth, mas com Gille. Tido como um rei fraco, ele ficou conhecido como "Lulach, o tolo", permanecendo no trono apenas meses, até ser morto por Malcolm III.

A entrada de Lady Macbeth na peça é grandiosa. Privilegiada, Lady Macbeth tem acesso às letras e à comunicação. No ato 1, cena 5, ela lê uma carta que descreve o que teria acontecido ao marido de sobrenatural. A partir dessa introdução, já estão estabelecidos os elementos importantes para a narrativa. O primeiro deles é a sua alfabetização. O segundo elemento é a natureza dessa comunicação. Entendemos, a partir do seu conteúdo, que existe na relação entre eles inquestionável cumplicidade. O tom íntimo da carta apresenta a ideia de um casal confidente.

Ao ler a carta, Lady Macbeth passa a compreender que está diante de uma oportunidade de ganho de poder. Se o marido será rei, ela planeja ser rainha. É quando sua inteligência manipuladora pode ser identificada pela primeira vez. Ela diz a si mesma, através do recurso do solilóquio, muito usado por Shakespeare, que teme que a bondade inata de Macbeth seja um obstáculo e que ele não esteja disposto a cruzar o caminho para chegar à meta. Ou seja: sem hesitar, ela bola um plano imediatamente e não pretende aguardar que seu marido se torne rei de forma lenta e natural. Ela tem pressa, tem ambição e age, traçando o destino com as próprias mãos. Nessa cena, Lady Macbeth apresenta incontestável segurança em relação à sua capacidade de mudar o próprio futuro sem esperar pela vontade divina. Ela tem urgência e isso coloca imediatamente o rei Duncan em perigo, elevando a peça a um novo nível de tensão.

A partir do desejo de Lady Macbeth, a tragédia se desenrola. Quando ela diz: *Mas antes me tens de fazer isso do que desejas que não fique feito*, ela identifica aí a abertura necessária para dar início ao processo de manipulação para que Macbeth faça o que ela quer. É melhor ele ter medo de executar um plano do que a convicção em não querer executá-lo. De forma inteligente, ela identifica no medo a hesitação e a pausa necessárias para uma dúvida à espera de certeza.

A estratégia de Lady Macbeth faz dela a personagem mais inteligente e articulada da peça. Ela investe cada passo que dá na tentativa de convencer o marido do seu plano, fazendo uso unicamente da palavra como instrumento de persuasão. Na virada do monólogo, em que ela pondera sobre a natureza boa do marido, ela se transforma numa das grandes vilãs da literatura, através de um dos seus solilóquios mais conhecidos. Convencida do seu plano, pede às forças maléficas que fiquem ao seu lado e que deem a ela meios para secá-la de qualquer bondade a fim de atingir seu objetivo.

Venham, espíritos, que espreitam o pensamento da morte, arranquem-me o sexo e me preencham da cabeça aos pés da mais vil crueldade. Tornem espesso o meu sangue. Obstruam o acesso e a passagem para o remorso, para que nenhuma aparição ressentida da natureza me faça hesitar do meu pior propósito, promovendo a paz entre ela e o ato. Venham para os meus seios de mulher e façam do meu leite fel, ministros do crime.
"Macbeth", Lady Macbeth – ato 1, cena 5

Lady Macbeth sabe que o rei vai morrer porque ela é a dona do destino dele. No referido solilóquio, ela diz: *Tirai-me o sexo; unsex-me* no original em inglês, potente expressão criada por Shakespeare. Ela pede aos espíritos que arranquem dela toda e qualquer fragilidade e doçura – referências do que é considerado feminino. Seu objetivo é deixar de carregar a representação feminina da época para ser capaz de cometer a maior das brutalidades. Ela quer ser tão má quanto um homem.

Em estudos sobre Lady Macbeth, é comum encontrarmos a manipulação como a principal característica associada à personagem. De fato, uma das mais evidentes, mas longe de ser a única. Sim, ela embarca num projeto para realizar a ambição de ser rainha usando o próprio marido. Não é ela quem comete o crime de regicídio, mas é ela quem convence o marido a fazer o trabalho sujo. Lady Macbeth não hesita. Ao contrário, ela desafia o marido, apelando para o questionamento da masculinidade de Macbeth, como se essa estivesse atrelada ao heroísmo.

Numa de suas falas, ela sugere ter sido mãe, mas não mais:

LADY MACBETH — Já amamentei e sei como é inefável amar a criança que meu leite mama; mas, no momento em que me olhasse, rindo, o seio lhe tirara da boquinha desdentada e a cabeça lhe partira, se tivesse jurado, como o havíeis em relação a isso.

Essa é a fala que marca o momento da peça em que fica claro que a personagem é uma mulher e que já teve a experiência da maternidade. Mas fica também nítida a relação de conflito que ela propõe entre a maternidade e sua ambição pelo poder. Surpreendentemente, é também a fala que coloca a mulher como mais forte que o homem. Podemos considerar que esse filho misterioso ou ausente, que desaparece da narrativa sem prestar contas, é um dos catalisadores para o início do processo de loucura de Lady Macbeth. A partir da sua fragilidade mental, em ambivalência com sua coragem e ambição, apresenta-se uma das mais complexas personagens já escritas.

Nesse sentido, identificamos Lady Macbeth como uma precursora do debate que ainda assombra e aflige mulheres: a questão da escolha entre seus anseios pessoais e a maternidade. A escolha entre ser mulher ou ser homem. Quando ela se dispõe a, inclusive, se livrar de qualquer filho para alimentar sua ambição e executar seu plano, satisfazer seu desejo, é possível traçar uma comparação com o julgamento que existe quando uma mulher é questionada sobre seu plano de carreira, sobre seu papel de mãe, sobre o equilíbrio entre ambos, sobre os fracassos nos dois campos, sobre precisar escolher. E por ter escolhido aspirações vistas como masculinas, Lady Macbeth não é poupada. Uma mulher, sim, dotada de crueldade, mas incompreendida, subestimada e em processo de loucura.

Ainda quando ela diz *unsex me* e clama aos espíritos que tirem dela toda a bondade e doçura, como se para lutar ela não pudesse se parecer com uma mulher, fica claro o conflito com a divisão dos papéis de gênero daquele período.

No mesmo tema da recusa da maternidade como canal para força, coragem e ambição, ela pede aos espíritos *take my milk for gall*; ou seja, que substituam o leite que ela tem por bile, a representação do amargo que causa repulsa. Ela quer se igualar na crueldade que mostram os homens, para que seja então capaz de cometer o regicídio. Essas falas são uma clara referência à personagem como mãe. Mas o filho está ausente.

É importante pensarmos sobre a identidade e as experiências que a personagem carrega, para que cada um de nós construa a sua própria Lady Macbeth. Uma proposta interpretativa é a de que ela é uma mulher em luto, o que teria desencadeado tal processo de loucura. Essa ambição desmedida pelo poder poderia ser um modo de compensar a falta de um papel, já que, até então, Lady Macbeth carrega o nome do marido – nem nome próprio ela tem.

Para a cama, para a cama.
Há um barulho no portão. Venha, venha,
venha, me dê a sua mão. O que está
feito não pode ser desfeito. Para a cama,
para a cama, para a cama.
"Macbeth", Lady Macbeth – ato 5, cena 1

Seu foco ao confiar em si e ao marido uma tarefa, uma função tão transformadora como o plano de um crime, cria outra camada de cumplicidade entre o casal. Se, por um lado, pode-se concordar que ela teve relativo sucesso no seu plano, ou seja, o regicídio de fato aconteceu pelas mãos de Macbeth; por outro, Lady Macbeth demonstra preocupação e frustração pelos subsequentes assassinatos que o marido passa a cometer. A cumplicidade deles, como casal, começa a se desfazer. O que ela havia proposto era tão-somente o regicídio. É Macbeth quem desenvolve a paranoia da matança em série, como um efeito dominó. A gota d'água é quando Lady Macbeth toma ciência do assassinato de Lady Macduff e de seu filho. A partir daí ela se descontrola e seu castelo começa a desmoronar, possivelmente afetada pela tragédia da morte de mãe e filho.

Seus passos seguem em direção ao fim. A cena do sonambulismo é, por isso, muito poderosa. É onde vemos Lady Macbeth pela última vez no palco. Em delírio, ela vê manchas de sangue nas suas mãos enquanto dorme. É a mais bela alegoria para a culpa. O sangue nas mãos não dos que mataram, mas dos que foram coniventes. Uma culpa que, por mais que se lave, não pode ser limpa e expiada. A presença do médico, que a observa, em conversa com a dama de companhia, é crucial para identificarmos a impotência, tanto da paciente quanto dos que a cercam, diante de um quadro de desequilíbrio e fragilidade mentais. Ao identificar sua inabilidade e incapacidade para curar a doença de Lady Macbeth, o médico diz:

MÉDICO – Circulam por aí terríveis boatos. Feitos contra a natureza sempre engendram consequências doentias. As consciências manchadas descarregam seus segredos nos surdos travesseiros. Mais de padre tem ela precisão do que de médico. Deus, Deus que nos perdoe! Acompanhai-a. Deixai bem longe dela quanto possa causar-lhe qualquer dano. E ora, boa noite. Ela deixou-me o espírito confuso e a vista absorta com tamanho abuso. Penso, mas não me atrevo a dizer nada.

Uma das célebres frases de Lady Macbeth é quando ela, ao parecer recuperar a consciência, diz: *O que está feito não pode ser desfeito*. Porém, o que se desdobra em seguida é o seu fim. Nessa frase, ela se refere ao início do fim, que é o assassinato de Duncan. Porém, essa fala envolve algo mais profundo, que se relaciona com o arco trágico de Lady Macbeth na peça. A partir do momento em que ela renuncia a toda doçura, maternidade e bondade, ela assume uma posição de extremo desconforto. Quando Lady Macbeth faz pedidos aos espíritos para que tirem dela o sexo, ela dá a partida para o processo que será a perda de toda a representação previsível de uma mulher, quase como se ela estivesse disposta a negociar a própria identidade por motivações diversas. E aí, cabe a interpretação de cada um de nós. O que motivou Lady Macbeth a sair do conforto do papel de mulher de um nobre, de ter uma posição de prestígio, para lidar com tanto risco psicológico, emocional e físico?

Nesse ponto, é válido pensar sobre a relação de Lady Macbeth com as três bruxas. Enquanto elas se apresentam já com uma aura sobrenatural, ambígua e até andrógina, Lady Macbeth, podemos supor, percorreu o caminho da tragédia enquanto se tornava uma espécie de bruxa. Para sustentar esse argumento, proponho pensarmos Lady Macbeth como elemento catalisador de todas as mortes, sim – mas, acima de tudo, ela passa a ser inútil sob o ponto de vista social, já que a partir do primeiro crime, Macbeth passa a ser um sanguinário, assassino, papel que acatou por ela. Ao abraçar a condição de igualdade aos homens (no caso, o marido) e concatenar o plano para o regicídio, ela entra num caminho sem possibilidade de retorno, mesmo que quisesse se tornar a mulher submissa de um novo rei. Como se tivesse provado a liberdade não de ser um homem, mas de não ser uma mulher. Como se depois de jogar com todo o seu poder e experimentar tal excitação, ela não pudesse voltar a viver de forma inocente ou submissa. É um trauma. Ela cai em si e compreende não haver nome para aquilo que se tornou. Não é possível mais um senso de pertencimento, uma categorização. Não tem volta. O que está feito não pode ser desfeito. A saída é o suicídio.

A interpretação inusitada de que os Macbeth teriam sido um casal de apaixonados e cúmplices é interessante. Parceiros na perda do filho e parceiros no crime. Ambos deveriam ser símbolo do Romantismo, ao contrário de Julieta e Romeu, que não tiveram tempo para se conhecer e se apaixonaram apenas por suas fantasias. Lady e Sir Macbeth se conheciam bem, se gostavam. Que raridade é gostar! Um dia, cheguei atrasada na faculdade. Eu cursava Letras na UFRJ, estávamos justamente na Semana de Língua Inglesa, que previa a encenação de "Macbeth" na grade de programação. Eu era uma entre os estudantes que faria a peça. Meu atraso no dia da apresentação foi por conta de pendências para finalizar o meu divórcio, aos 23 anos. Enquanto isso, personagens que me aguardavam pacientemente do outro lado da narrativa custaram a se separar e talvez nunca tenham desistido um do outro. Eis a tragédia.

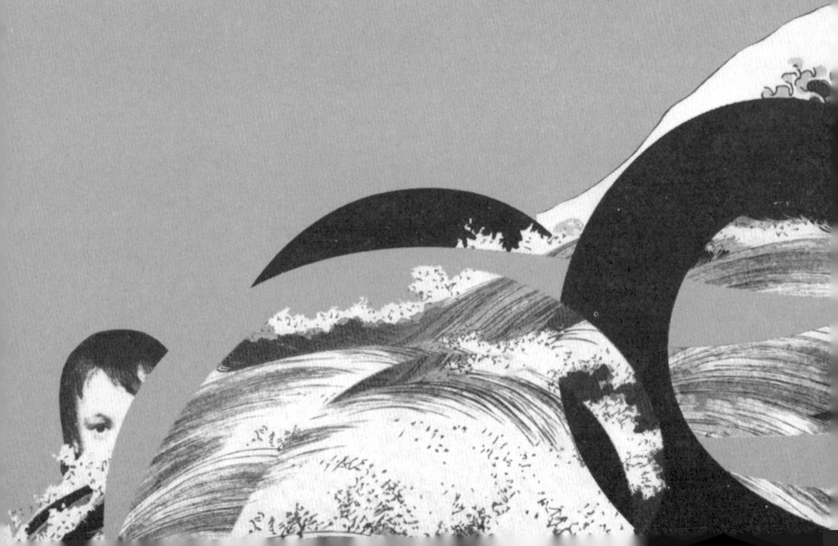

1

U

VIOLA

NOITE DE REIS,
1601

A infindável especulação em torno de Shakespeare, sua biografia e a autoria das obras é geradora de diversas teorias. Não é absurdo pensar que Shakespeare tenha escrito muito mais peças do que as que conhecemos. Ainda que essa seja uma questão frequentemente reaberta, é improvável que se chegue a uma conclusão confiável. Há, porém, uma teoria entre acadêmicos sobre uma peça perdida de Shakespeare que se baseava no mito de Ífis e Iante, uma das raras lendas da mitologia romana, narrada por Ovídio, a abordar o tema do transvestir. Mais adiante, e como consequência da inadequação e culpa pelo seu amor por Iante, Ífis, que nasceu mulher e cresceu como homem, tem o gênero transformado pela deusa Ísis.

A curiosidade dessa história da peça perdida é que ela foi defendida por Humphrey Moseley, editor do século XVII que, diante do crescente sucesso de Shakespeare, foi atrás de tal manuscrito. Esse campo fértil de invenções sobre o dramaturgo pode ser, ainda que interessante, também minado. Muitos estudiosos firmam hipóteses biográficas e acabam rumando para caminhos que aprofundam pouco nos textos e mais nas especulações. Ainda assim, é instigante pensar que Shakespeare escreveu uma peça sobre transgeneridade, revelando não só suas leituras clássicas, como seus interesses temáticos para a ficção.

Além da possível – ainda que improvável – peça perdida e de "Noite de reis", há outros exemplos de troca de gênero atrelada a atos políticos, como Portia, em "O mercador de Veneza"; e Cleópatra, em "Antônio e Cleópatra". Em "Noite de reis", o transvestir-se e disfarçar-se passa a ser a chave do desenvolvimento da comédia que, por conta da identidade imprecisa de Viola/Cesário, cria dúvidas, inadequações e surpresas às personagens, observadas por um espectador onisciente e onipresente. No papel do bobo, nós, leitores e espectadores que somos, temos o privilégio de espiar o desenrolar complexo e ao mesmo tempo divertido da trama, como um *voyeur* com acesso e vista a todas as janelas de um palácio.

Jovem aristocrata, cujo pai morreu quando ela tinha 13 anos, Viola aparece pela primeira vez como sobrevivente de um naufrágio, chegada à ilha de Ilíria sem Sebastian, o irmão gêmeo que ela acredita ter se afogado e morrido. Apesar da dor da perda do irmão, ela se recompõe e se dispõe a entrar na ilha para reconstruir a vida. Para isso, lança mão do recurso de se disfarçar de homem, vestindo as roupas do irmão. A partir daí, ela adota o nome de Cesário.

Estrangeira na peça, Viola aparece como mulher apenas na primeira cena. Seu nome também não é dito. Não sabemos que se chama Viola até a cena final, quando ela se reencontra com o irmão. Podemos, então, pensar como durante toda a peça Shakespeare provoca no que diz respeito ao gênero – fundamental, mas ao mesmo tempo irrelevante. A pessoa que vemos na peça pode ser Viola e pode ser Cesário. No ato 4, cena 4 ela/ele admite que pegou emprestadas as roupas de Sebastian de caso pensado. Ou seja, Viola nos revela que tinha um plano, ainda que não pudesse prever os desdobramentos que afetariam Orsino e Olivia.

Em um ensaio escrito por Samuel Johnson, no século XVIII, o autor diz que por ser conspiradora, fria e calculista, Viola nunca sentia perda alguma. Já no século XIX, o crítico William Hazlitt afirma que Viola era o grande e secreto charme da peça. A consequência dessas leituras possíveis é que Viola pode se definir e se identificar para cada um de nós através da nossa interpretação, mas também se desenhar de forma muito específica para cada produção teatral.

*Ó, ilusão, deixa em paz
os meus sentidos.*
"Noite de reis", Viola – ato 3, cena 4

———— ✤ ————

Viola é o elemento catalisador de "Noite de reis". Antes dela, Ilíria era um lugar monótono, silencioso. Viola traz movimento, vida, caos, esperança. Talvez seja a cena do naufrágio uma metáfora para essa interpretação: a cena de um mar agitado, perigoso e que, por oferecer o risco da morte, faz da sobrevivente a mais viva de todas. A forma com a qual Viola entra na narrativa é o oposto da descrição de Ilíria. Em um mar revolto, em movimento, com o ar a correr, o vento passa a soprar naquela ilha. A partir de Viola, tudo muda. Com base na metáfora do naufrágio, a destruição e a morte possibilitam que Viola adote um disfarce, vista-se de homem e recomece a vida a partir dos privilégios da troca de gênero.

"Noite de reis" é a última comédia romântica de Shakespeare. Tem, no entanto, algumas similaridades com algumas das primeiras comédias, como o cenário: a peça se passa em um local estrangeiro; tem uma brincadeira, um trote, a partir de Malvólio; tem um bobo da corte com o papel de comentar as ações da peça; tem uma personagem, das principais, travestida de homem para abrir diálogos, pontos de vista e experiências. Somos apresentados a mais de uma forma de amor e suas personagens nem sempre adotam um comportamento convencional para essas relações.

Se pensarmos na primeira e reconhecida cena de Orsino, a que abre a peça, vemos o amor representado de forma tradicional como um mal-estar, uma doença.

Se a música for o alimento da alma, continue tocando, dê-me excesso dela até que o meu apetite seja nauseado e eu morra.

Quando Olivia aparece como a mulher que Orsino aparentemente ama, ela é também apresentada de uma forma que nos remete ao ridículo. Afinal, Olivia anuncia que não poderá encontrar ninguém, particularmente Orsino, durante sete anos porque ficará de luto pela morte do irmão. O ridículo dessa situação não é o luto poder durar sete anos, afinal, sendo o luto uma experiência única e pessoal, não é possível determinarmos um tempo para sua vivência e passagem. A questão aqui tem a ver com a credibilidade do sentimento de Olivia, que acaba no momento em que ela estipula o período que o luto acontecerá, como se fosse possível saber. Claro, não passa de um plano para evitar as investidas de Orsino. Tanto é que, na primeira oportunidade, ela recebe Feste, o bobo da corte, bem como recebe Cesário (ou Viola em disfarce).

Apesar de achar que o irmão está morto, Viola se encoraja de um senso de praticidade e oportunidade de vida, como se identificasse ter sido escolhida para viver. Viola é o agente ativo dessa peça, uma personagem em movimento. Precisamente pela separação do irmão existe tensão na narrativa, que é possível por conta de uma quase-tragédia ("quase" porque sabemos que Sebastian está vivo, tem um companheiro, Antônio, e volta para encontrar a irmã). Essa separação dos gêmeos é o que dá alicerce à estrutura da narrativa. As complicações começam e só podem se resolver quando Sebastian volta, o que não faria qualquer sentido se acontecesse no meio da peça.

Em relação à escolha de gêmeos como ponto de partida para a narrativa da peça, sugiro pensarmos em seu simbolismo. Podemos comparar "Noite de reis" a uma outra peça de Shakespeare que utiliza esse recurso do engano ou da identidade trocada: "Comédia de erros". Algumas diferenças mais óbvias são a escolha do par de gêmeos. Em "Comédia de erros", temos dois rapazes idênticos. Em "Noite de reis", um rapaz e uma moça. Ou seja, a impossibilidade de serem idênticos prevê da plateia ou do leitor uma relativa sofisticação para ultrapassar esse fato científico e reposicioná-lo como recurso ficcional. Shakespeare faz uso da "Comédia de erros" para escrever "Noite de reis", mas com profundas modificações, como a questão do conflito de gênero.

Em "Comédia de erros" as confusões começam desde o início. Já em "Noite de reis", essa troca de identidade e o engano só passam a ser observados no final, quando Sebastian aparece na casa de Olivia. Viola está ciente dessa confusão, mas os outros, não. Tal recurso usado por Shakespeare não era novo, mas algo já presente no teatro clássico. Na "Comédia de erros", ele propõe inserir mais um par de gêmeos, o que torna a história mais confusa. Em "Noite de reis", a questão do gênero dá uma camada mais sofisticada e eleva o elemento cômico ao máximo, por envolver sexualidade. Ou seja, quando a plateia elizabetana e jacobina ri das piadas mais simplórias em "Noite de reis", em relação às indefinições de gênero e, consequentemente, de sexualidade, sabemos que ali já existe, numa interpretação atual, um rastro de homofobia e predileção pelo humor que expõe tais questões como risíveis e humilhantes.

Em "Comédia de erros", o engano acontece fortuitamente. Já em "Noite de reis", esse engano é intencional e, como resultado, observamos a metamorfose de Viola/Cesário, como se aquele disfarce, aquela outra vida que ela passa a viver, tivesse sido essencial para se conhecer melhor. Como se só fosse possível nos enxergarmos ao sairmos de nós mesmos. Senão, estamos sempre cegos, acostumados à própria pele.

Ainda sobre os gêmeos na peça, é interessante chamar a atenção para um fato biográfico: Shakespeare teve três filhos e foi pai de gêmeos. Hamnet, o menino, morreu aos 11 anos. Há estudos que sugerem a presença de gêmeos como recurso metafórico do autor. O rapaz desaparece, a plateia passa a acreditar que Sebastian morre. Mas, ao mesmo tempo, há uma indicação de que a vida continua, porque há outra parte de Sebastian, Viola, ainda que uma parte de Viola estivesse morta, que é Sebastian. A metáfora da vida revolta, da vida em movimento, da vida em tragédia, mas que, miraculosamente, se desenvolve apesar das perdas.

Viola parece apresentar uma dose profunda de solidão. Ela passa quase a peça toda como Cesário e, sendo isso um segredo, isola a personagem. Podemos considerar a interpretação de que Viola está no armário. Ela se veste de Cesário e isso faz dela uma pessoa imersa na não completude da própria identidade. E se ela pudesse sair do armário e se assumir? Mas ela ainda não pode. A sociedade de Ilíria não está pronta para essa revelação. Só quando um homem chega (seu irmão) é que ela identifica a situação como equilibrada o suficiente para então se mostrar.

Constantemente, Viola fala da disparidade entre o que ela é e o que aparenta ser – o que resulta em uma personagem em frequente conflito. Há sempre algo escondido em Viola, ela se apresenta como uma personagem oblíqua. Um aspecto ainda mais interessante dentro dessa característica: Viola permanece em disfarce até o término da peça. Quando, afinal, Sebastian chega e ela assume que debaixo das roupas não está Cesário, mas Viola, ela não volta a se vestir como Viola, mas continua sendo Cesário quando diz que não é Cesário. Essa aparente contradição ou dificuldade na identificação das personagens é outro elemento importantíssimo quando nos aprofundamos na questão do gênero e das relações homoafetivas, porque nos faz refletir sobre os sentimentos de atração e afeto. Olivia descobre que esteve a peça toda apaixonada por uma mulher; Orsino apaixona-se tão rapidamente por esse rapaz Cesário, que agora diz ser Viola.

As leituras possíveis desse relacionamento entre Viola/Cesário e Orsino ou entre Viola/Cesário e Olivia dependem muito de como direcionamos nosso olhar. Uma leitura mais simples é a que nos apresenta Viola como a verdadeira identidade, uma

> *Se a música é o alimento do amor,*
> *toque, dê-me o seu excesso e que, satisfeito,*
> *meu apetite se enoje e morra.*
>
> "Noite de reis", Orsino – ato 1, cena 1

---

vez que é ela quem está sempre sob disfarce, o que torna a figura de Cesário secundária.

Por outro lado, podemos entender essa dinâmica como uma celebração da indeterminação de gênero, através da unidade Viola/Cesário, e uma celebração das possibilidades transgressivas em termos de atração erótica que essa indeterminação promove. Ao estabelecermos que uma personagem é atraída pela outra, no caso de Olivia e Cesário (Viola), a atração de Olivia não se dá apenas pela figura masculina que ela imagina ver, mas sim pela personalidade de quem está sob disfarce; ou seja: tanto Viola quanto Cesário. Com isso, é possível concluir que Olivia se apaixona, portanto, por uma pessoa e que isso a liberta das convenções de gênero. Já Orsino se afeiçoa a Cesário, pela doçura do rapaz, que passa a ser seu confidente. Essas qualidades, no entanto, não são de Cesário, mas de Viola. Quando, então, o disfarce é desfeito, Orsino e Viola rapidamente se aceitam como futuro casal, sendo que Orsino se apaixonou por Viola vestida de Cesário. É um labirinto absolutamente fascinante.

Quando Malvólio anuncia que Viola/Cesário quer falar com Olivia, esta pede que ele descreva quem é. Malvólio tem como recurso a descrição de um ser com características andróginas (ato I, cena 5):

OLIVIA – Que espécie de homem ele é?
MALVÓLIO – Que espécie? Da espécie humana.
OLIVIA – Que maneira de homem?
MALVÓLIO – Da pior possível. Deseja falar com a senhora, quer queira, quer não.
OLIVIA – Sua aparência, quantos anos?
MALVÓLIO – Não é bastante velho para um homem e nem jovem o bastante para um adolescente. Assim como a vagem antes de conter a ervilha. Assim como a maçã não amadurecida de todo. Flutua entre menino e homem. É muito bem apessoado e fala com desenvoltura. Em suma, parece que acabou de ser desmamado.

Outra informação sobre a questão que caracteriza o teatro e a comédia elizabetana e jacobina é que havia a regra de que somente homens teriam permissão para se apresentar no palco. Ou seja, a participação das mulheres nas companhias teatrais e nos próprios teatros era completamente restrita, ou mesmo inexistente. Isso ressalta outro aspecto na produção dessa comédia – o de que apenas homens devem fazer o papel de uma mulher disfarçada de outro homem.

Podemos acreditar que o elemento da ambiguidade sexual não é exclusivo de Viola, mas uma característica tanto de quem se apresenta ambíguo como de quem aceita e aprecia essa ambiguidade. Por exemplo, o primeiro encontro entre Viola e Olivia é carregado de tensão e curiosidade sexual. Olivia parece interessada naquela figura, mas não se sabe se ela se sente atraída por uma mulher vestida de homem ou por um homem que parece uma mulher. E mais: se Olivia se sente atraída por Viola como Cesário e, no final da peça, ela fica com Sebastian, esse movimento pode ser interpretado como uma maneira aceitável de Olivia continuar com Viola, já que Viola e Sebastian são gêmeos idênticos, para efeito de ficção.

Ainda que "Noite de reis" seja, inquestionavelmente, uma comédia com uma construção que brinca, disfarça e confunde em relação a gênero e sexualidade, esse enredo foi escrito para levar riso a uma plateia simples. Mas, o que está por trás disso é evidente como proposta de Shakespeare – ele sugere que as identidades são construídas socialmente.

Por isso defendo que, apesar de engraçada, a peça propõe discussões complexas. Há quem fique com o elemento cômico, principalmente de Malvólio e suas meias amarelas. Mas há quem acompanhe as palavras e os atos com um pouco mais de afinco e vá além de uma comédia para fazer gargalhar uma plateia simplória. O que fica é isso: uma obra que, como Viola, nos remete a movimento, a retorno, a recomeço sempre, porque o texto, como a peça e como nós mesmos, não é o que aparenta ser. Mais uma vez e sempre, Shakespeare nos coloca diante de espelhos e, se olharmos com convicção, somos capazes de ver profundezas. Mas para isso, precisamos ter coragem.

FIM

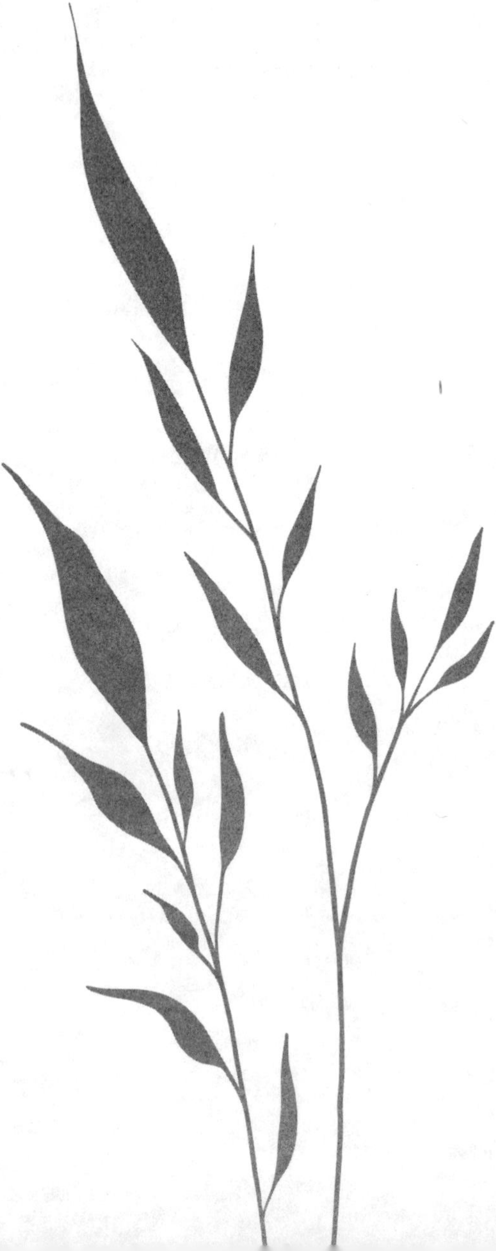

AGRADECIMENTOS

À professora Gloria Sydenstrick, que me apresentou "Macbeth".

Ao rapaz que, enquanto namorado, rasgou meu pôster do Shakespeare me ensinando, de uma vez por todas, sobre quem sai e quem permanece.

À minha mãe, que, pelo tempo que viveu, nunca me subestimou.

Ao Nathan.

Ao meu pai.

À Michelle Strzoda, por perseverar e acreditar.

Ao Programa de Residência Literária Fundação Dom Luís I, Cascais.

A todo mundo que ler o livro que preparei por tanto tempo, quando ainda nem sabia que o preparava.

© Nara Vidal, 2023
© ilustrações, Marcia Albuquerque, 2023
© desta edição, Relicário Edições, 2023

Todos os direitos reservados e protegidos pela Lei 9.610, de 12.2.1998. É proibida a reprodução total ou parcial sem a expressa anuência da editora.
Este livro foi revisado segundo o Acordo Ortográfico da Língua Portuguesa de 1990, em vigor no Brasil desde 2009.

EDIÇÃO
Michelle Strzoda

COORDENAÇÃO EDITORIAL
Maíra Nassif

PROJETO GRÁFICO, CAPA E DIAGRAMAÇÃO
Anderson Junqueira

FOTOGRAFIA NARA VIDAL
Raquel Sol e Leo Melo

DADOS INTERNACIONAIS DE CATALOGAÇÃO NA PUBLICAÇÃO (CIP) DE ACORDO COM ISBD

V648s Vidal, Nara
Shakespearianas: as mulheres em Shakespeare / Nara Vidal; [ilustradora] Marcia Albuquerque. – Belo Horizonte: Relicário, 2023.

200 p. : il. ; 18 cm.

ISBN 978-65-89889-74-8

1. Teatro – Personagens – Mulheres.
2. Mulheres – Gêneros – Sociedade.
3. Shakespeare, William, 1564-1616 – Poeta, dramaturgo e ator inglês. I. Albuquerque, Marcia. II. Título.

CDD: 792   CDU: 792.072

Tiago Carneiro – Bibliotecário – CRB-6/3279

RELICÁRIO EDIÇÕES
Rua Machado 155 .
casa 1 . Floresta
Belo Horizonte . MG .
31110-080 . Brasil
relicarioedicoes.com
contato@relicarioedicoes.com
/relicario.edicoes
@relicarioedicoes
@relicarioeds
canal da Relicário
/relicarioedicoes

1ª EDIÇÃO [2023]
*Este livro foi composto pelas tipografias Gandhi Sans
e Canopee, e foi impresso sobre papel Pólen Bold 90 g/m²
pela Rotaplan na primavera de 2023.*